「唯識」から浄土教の菩薩像を問う

虚妄分別（煩悩）から意言分別（智慧）へ

海野孝憲

法藏館

序 文

本書『「唯識」から浄土教の菩薩像を問う』は、サブタイトルの「虚妄分別（煩悩）から意言分別（智慧）へ」が示す通り、「瑜伽行派の世親の唯識思想に基づいて、浄土教の菩薩像を問うこと」を意図しています。

世親は、龍樹と共に、我が国の浄土教の祖の一人として重視されてきましたが、その世親自身の唯識思想は、今日、「真宗学の論文」では、正当に評価され理解されているでしょうか。

本書を読まれる方で唯識思想にあまり造詣が深くない方々は、まず、第四章「唯識より浄土教の菩薩像を問う」から読まれることをお勧めします。

世親によれば、菩薩は、瑜伽行によって「虚妄分別」を克服し、「意言分別」を介して、無分別智、無分別後得智を獲得して菩薩道を達成されました。「虚妄分別」とは、アーラヤ識が衆同分に展開している、凡夫の迷いの世界のベースであり、これに対して「意言分別」とは菩薩が無分別智に到達するための踏み台となる世界のベースとなる智慧そのものです。我々、凡夫はアーラヤ識の展開した虚妄分別の世界に生きるものであるのに対して、菩薩は意言分別を踏み台として転依した、後得世間智すなわち仏身（応化身）そのものです。

換言すれば、無分別後得智の働く世界に展開する菩薩身とは、それ自体は受用身（仏身）でなければなりません。菩薩は、まず衆生に先立って成仏して、「巧方便善巧廻向」（cf. 幡谷編『浄土論註上下二巻』p. 79ff.）によって衆生の救済に向かわれました。その「巧方便善巧廻向」は、後述するように、菩薩道の無分別智＝般若波羅蜜（六波羅蜜）に基づき、さらに、それに続く四波羅蜜（後得智）を加えて、「十波羅蜜」として展開しています。

さらに、第三章「曽我先生の法蔵菩薩＝阿摩羅識説に菩薩像を問う」については、曽我量深先生の「阿頼耶識の転依態＝阿摩羅識（＝無分別智後得智）」に関連して、第一章「虚妄分別」と「意言分別」で引用された『中辺分別論』（MV 1-16, 22）では「心の自性清浄説」について、次のような興味深い記述が見られます。

「それは、水界や黄金や虚空は本来清浄であるが、偶来の濁りや銅や霧などによって濁り不純なものとなるが、それらの不純物を離れる時、本来の清浄な状態に戻るように、人々の心の本性は清浄であるが、偶来の垢である煩悩によって汚染されたものとなっているのであって、それらの垢が除去されるならば、本来の清浄なものになる」と説かれています。究極的には「自性清浄心」や「阿摩羅識」のような清浄識の存在を是認しているように感じられます。阿頼耶識が尽きることによって「解脱身」となることから、ラトナーカラシャーンティは「唯識思想は本来、「自性清浄心」に基づく思想である」と主張しているように見られます。

　すでに引用した『中辺分別論』（MV 1-16, 21, 22）で見られたように、MV 1-22偈は「それ（空性）は汚染されたものではなく、汚染されないものでもない。また清浄でもなく、清浄にされていないものでもない。心の自性は耀き、清らかなものである。（心に潜む）諸々の煩悩は偶来的なものである」と説かれています。

「転依＝阿頼耶識の捨離」はラトナーカラシャーンティによれば、「解脱身」と言われています。「解脱身の獲得」については、次のように述べられています。

「それ（阿頼耶識）の捨離とは何か。（それは）心の相続の依止の雑染分と共に止息するが、清浄分と共に、虚空に至るまで進む。一切の雑染法の種子である習気の、その時、すなわち断絶する故に、所依の阿頼耶識は、その時、除去される。種子が尽きる故に、一切の雑染法は生じない。かの所依はその時「無漏界」と言われる。それはまた虚空のように、一味である。「住処」と「受用物」と「身」として顕現する（阿頼耶識の）知の種子が尽きる故に、解脱身とも言われる。」（PPU. P-32）

　阿頼耶識の種子が尽きる故に、「解脱身」となることから、ラトナーカラシャーンティは唯識思想は「自性清浄心に基づく思想である」と主張しているように見られます。

本書で引用した『中辺分別論』（MV 1-16, 21, 22）に見られるように、とりわけ、上述の1-22偈は「それ（空性）は清浄なものではなく、汚染されないものでもない。」と説き、二つの否定をして、本性を理解させようという意味ならば、註釈者、安慧は「どうして汚染されたのでもなく、汚染されないものでもない」と説くのか、二つの否定をもって本性を理解させようという意味ならば、「「空性」は清らかであり、それについて「心は本性が明浄である故に」と聖典に述べられている」（cf. 山口訳註『中辺分別論釈疏』p. 96ff.）と註釈しています。

それは「心の自性は清らかなものであるから、（心に潜む）諸々の煩悩は偶来的なものである」と述べているようです。曽我先生の「阿頼耶識の転依態＝阿摩羅識」は立証可能ではないでしょうか。

但し、阿摩羅識は時代とともに、無分別智、無分別後得智に取って代わられる瑜伽行派の歴史の必然は避けられません。

本書では、『摂大乗論釈』等のような瑜伽行派の論書に基づいて、浄土教の菩薩像を十波羅蜜の世界（後得世間智）等に基づいて、その真髄を問うことを意図しました。

目次

「唯識」から浄土教の菩薩像を問う
——虚妄分別（迷い）から意言分別（智慧）へ——

「唯識」から浄土教の菩薩像を問う

――虚妄分別（迷い）から意言分別（智慧）へ――

第一章 「虚妄分別」と「意言分別」とは

「虚妄分別」と「意言分別」は、真宗の聖典の言葉で言えば、蓮如上人の『御文』（五帖目第一通）にそれらを見ることができます。

「末代無智の、在家止住の男女たらんともがらは、こころをひとつにして、阿弥陀仏をふかくたのみまいらせて、さらに余のかたへこころをふらず、一心一向に、仏たすけたまえともうさん衆生をば、たとい罪業は深重なりとも、かならず弥陀如来はすくいましますべし。」（『真宗聖典』〈東本願寺出版部〉p. 832~833）

この中、「末代無智の、在家止住の男女たらんともがら」は「虚妄分別（迷い）」にとらわれた我々凡夫であり、それに続く「こころをひとつにして……一心一向に、仏たすけたまえともうさん衆生」は「意言分別（智慧）」に目覚めた人々を意味します。

一、ラトナーカラシャーンティの唯識説
——虚妄分別の成立

ラトナーカラシャーンティの唯識説ではPPU（Prajñāpāramitopadeśa）Skt. pp. 34ff.）において、三性説の唯識説を次のように解説しています。

「一切法は唯心（cittamātra）と唯識（vijñānamātra）と顕現（prakāśa）のみであるから、識（vijñapti）の所取である外境（色等）は存在しない。諸々の識（vijñapti）という能取を自性とするもの（眼等）も存在しない。その両者（色等の所取と眼等の能取）は諸法の「分別性」である。（それは）意言（耳識に従って生じた有分別の意識）によって分別されているからである。どこにおいて分別されているか。分別性に執着する習気の力より生じた、境がなくても境の形相（ākāra）である「虚妄分別」においてである。それはまた、かの虚妄分別である、諸法の依他性と迷乱と顛倒と虚偽知とである。このように、そこでは、所取の形相と能取の形相であるそれらも虚偽であり、ただ、迷乱の力（vaśa）により、滅亡（viplava）の力によってのみ（成立するから）虚妄分別である。」

三性説（三種の実在〈svabhāva〉論）

ラトナーカラシャーンティはPPU pp. 25ff. で、右の三性説の「分別性」と「依他性」と「真実性」について次のように解説しています。

①「分別性（遍計所執性）」について、「諸法の自性が名称と結合した意言（有分別の意識）によって分別された彼のもの」はそれらの分別性である。相貌（lakṣaṇa）のようには存在しない故に、それは色、声、眼、鼻等である。しかし、それは要約すれば、所取、能取の二つである。

②「依他性（依他起性）」については、「二つのもの（所取と能取）が存しない時、二つのものとして顕現する識は分別性に執着する習気の力より生ずる。それ（分別性）が（無として）捨てられる時、（二つのものとして顕現する識）もまた生じない。それは一切法の依他性である。因と縁に依止しているからである。」

（註）「二つのもの（所取と能取）は存しないが、習気によって二つのものとして顕現するそれは因縁によるから依他性である。さらに（依他性の）「他」とは形相（ākāra）のことであり、真実の智とは（それとは）異なるものであり、依他のものではない。」（MAU. Tib. 224b-2ff.）

③「真実性（円成実性）」については、「かの依他性の、かの分別性によって、常に

空性であり、遠離したもの（viviktatā）であり、別離したもの（rahitatā）である、それは一切の諸法の真実性である。完全に成就したもの（ekāntasiddha）は常にそのよう（tathā）であるからである。（分別性と依他性との）二つの空は存しない、かの法は、常にいかなる場合でも、あるいはどこにも存在しない。かの空性のどのような相貌（prakāra）も存しない。常に一切処において、虚空のように一味（同一であり、平等無差別）であるからである。虚空は色の無（abhāva）を特相とする故に、常に虚空のように一切処で一味である。このように、空性も「二つのもの（依他性と分別性）の無」を特性とするものである故に、それ故に、それは真実相（pariniṣpanna svabhāva）である」と言われる。

二、虚妄分別（煩悩）と菩提について

（一）「虚妄分別（煩悩）」と「真実性（菩提）」は不一不異

空の相（真実性）とは何か

ラトナーカラシャーンティはPPU.の中で、次のように述べています。

「かの虚妄分別は一切の有漏の行と一切の汚染と一切の輪廻である。」
「真実性であるものは虚妄分別の空性を自性とするものである。」

何が空であるか。「二つのもの（所取・能取）が（空）」である。所取と能取として分別されているからである。「かの空の相（真実性）は、虚妄分別であるものにおける二つのものの無（分別性）と二つのものとして無であるものの有（依他性）とである。」（cf. MV 1-13a, b）と意味されている。何故ならば、「この空性の二つのものの無であること」から、「有ではなく」、「二つのものの無が有であること」から、「無でもない」。（cf. MV『中辺分別論』1-13c）

空性と諸行の不一の関係とは

『解深密経』等には、「それ（空性）は諸行（有為法）とは異ならないのでもなく、異なるのでもない」と説かれている。すなわち、もしそれ（空性）がそれら（諸行）と異ならないならば、諸行を見る諸々の愚人達は空性を見る者となってしまうであろう。それ故に、（空性という）真理（satya）を見た者は、（すなわち）阿羅漢より等正覚者（までの者）となってしまうであろう。また、諸行が雑染であるように、空性もまた雑染となってしまうだろうであろう。また、それ（空性）はまた常住であるから、雑染も常住となってしまうだろう。さらに、空性は一切の諸行において（それらと）無差別であるように、それら（諸行）の自性も（空性と）無差別となってしまうであろう。さらにまた、修行者達は、空性の上にさらに別の真実を求めないように、諸行の自相の上にさらに別の真実を求めようとはしないであろう。それ故に、それ（空性）はそれら（諸行）と異ならないのではない。（不一）

空性と諸行の不異の関係とは

「異なるのではない（不異）」とは何故であるか。それ（空性）はそれら（諸行）の無我のみであり、法螺貝の白色性のようなものである。さらにもしそれ（空性）がそれら（諸行）と異なるならば、真実を見る者達も、諸行の相の克服とはならないであろう。それ故に相の縛（nimittabandhana）と麁重の縛（dauṣṭhulyabandhana）より解脱しないであろう。それ故に、彼らには涅槃も正覚もないであろう。さらに、彼らには一切の諸行において共相（他のものと共通する一般的な相）はないであろう。汚染と清浄という異なった性質のものが成就する時には、共に（異なったもの）であろう。それ故に、それ（空性）はそれら（諸行）より異なるのではない。（不異）（PPU. pp. 29ff.）

「「二つのものの無（分別性）と（二つのものの）無の有（依他性）であること」は空の

相（真実性）である。「有でもなく、無でもなく、異なるのでもなく、同一の相でもない」とは、これは空の相である。」（MV 1-13）

長尾雅人先生の註釈では次のように述べています。

「もし（空性が虚妄分別と）「別である」ならば、法性が法とは別のものであることになろう。これは不合理である。あたかも無常性や苦性（などの普遍的な性質が、無常な存在や苦の存在から離れて別にあるのではない）のと同様である。「もし（それらが）同一である」ならば、（修行道における）浄化することを対象とする知もなくなり、普遍相もないことになるであろう。この（句）によって、同一性と別異性とを超越した（空性の）相が明らかにされた。」（cf. 長尾『大乗仏典』15 p. 233）

（註） 相縛―無である分別性に対する執着。麁重縛―無の有である依他性に対する執着。

（二）虚妄分別（煩悩）から菩提（空性）へ移行する

空性の差別―空性（心の法性）は汚染され、浄化される

『中辺分別論』MV 1-16 は次のように述べています。（cf. PPU. p. 30）

「汚染された（空性）があり、また清浄にされた（空性）がある。それ（空性）はまた垢れをともなうものであり、また垢れを離れたものである。水界や黄金や虚空が清浄であるのとおなじく、（その意味においてもともと）清浄であると考えられるからである。」（cf. 長尾『大乗仏典』15 p. 236）

安慧註は右の MV 1-16 を引用して、「空性」について、次のような註釈をしています。「いかに「空性」の差別を知るべきか。理由は虚妄分別は雑染である。それを断じた時に、清浄と称せられる。しかし雑染と清浄との時に、「空性」以外に雑染とせられるべき、また清浄にせられるべきものは別にない。されば雑染と清浄との「空性」こそ雑染にせられ、また清浄にせられんことを示すために説かれた」と。（cf. 山口『中辺分別論釈疏』p. 81ff.）

ラトナーカラシャーンティはこの MV 1-16 について次のように述べています。（cf. PPU. p. 30）

「（「空性」は、）時にはかの汚染を自性とするものではないが、偶来の垢を有するものであり、後に聖道によってそれら（汚染を自性とするもの）は滅せられることから、清浄となり無垢となる。譬えば、水界と黄金と虚空は自性清浄であるが、偶来の濁りと銅と霧等によって垢を有するものが、それらを離れるようなものである。それ故に、それは汚染されたものでもなく、清浄なものでもない。心の法性は自性として清浄であるから、汚染されたものでもないが、清浄なものでもない。偶来の垢が積集しているからである。」
「それ（空性）は有垢であり、無垢であり、汚染されたものであり、清浄なものであり、水界と黄金と虚空が清浄であるように、清浄である。」と説かれる

空性の成立

MV 1-21 の安慧註は、次のように註釈しています。

「差別」を説く次に、安慧は、「「空性の成立」は如何に知られるべきか」という問いを発しています。ここに何者が成立するか。それは「偶来の随煩悩によって雑染せられた性」と、「自性清浄」とであると言われています。

その中で「雑染性」の成立に関して、次のように説かれています。（cf. 山口『中辺分別論釈疏』p. 94ff.）

MV 21, 22 の本文は、次のように述べています。（cf. PPU. p. 30）

「もしそれ（空性）がかの汚染されたものでないならば、一切の肉体のあるものは解脱したものとなるであろう。もしそれ（空性）がかの清浄にされないならば、努力は成果のないものとなるであろう。」（MV 1-21）

「それ（空性）は汚染されたものではなく、汚染されないものでもない。また、清浄で

も清浄にされていないものでもない。心の自性は耀き、清らかなものであるからである。（心にひそむ）諸々の煩悩は偶来的なものであるからである。」（MV 1-22）（cf. PPU. p. 30）

安慧は（M 1-22a, b）について、「どうして汚染されたのではなく、汚染されないものでもない」と説くのかと、二つの否定を以て、本性を理解させようという意味ならば、「空性」は正に清らかである。それについて、「心は本性が明浄なるが故に」と聖教で述べています。

「どうして汚染されたものではなく、清浄でもないのか。」とは、「空性」は偶来の煩悩によって染まっていても、すなわち本性として染まっているのではないことを表しています。

また「「空性」は偶来の随煩悩によって汚染せられる」という聖教の所説もありますが、（水）界等の清浄な状態への移行は「心の自性清浄説」によって説かれています。

「それは、水界や黄金や虚空は本来清浄であるが、偶来の濁りや銅や霧などによって濁り不純なものとなるが、それらの不純物を離れる時、本来の清浄な状態に戻るように、人々の心の本性は清浄であるが、偶来の垢である煩悩によって汚染されたものとなっているのであって、それらの垢が除去されるならば、本来の清浄なものになる」と考えられています。これは一見すると、究極的には、「自性清浄心」や「阿摩羅識」のような清浄識の存在を是認しているかのような感じが致します。換言すれば、心は本来、輝き、清らかなものであり、心に潜む煩悩は偶来的、外来的なものであるとも思われます。（cf. MV 1-22）

しかし瑜伽行派のラトナーカラシャーンティは続けて、究極的には、涅槃は阿頼耶識の止滅であることを述べています。

（三）涅槃とは如何なるものであるか

阿頼耶識（虚妄分別）の止滅（転依）

「涅槃とは如何なるものであるか。修習の力によって出世間智は生ずる。それはまた、声聞、独覚の、我と我所の自性が空である故に。菩薩の、一切の所縁は所取・能取の空である故に。かの修習によって最初に生じた智は「見道」と言われる。かつて見られなかった勝義を見る故に。それ故に彼は再にまた、「修道」は了得していると言われる。それら見道、修道の二つで所断されない、一切の煩悩の随眠（種子）を根絶する故に、「声聞、独覚」は阿羅漢となる。しかし「菩薩」は十地で如理に煩悩の随眠である（正智が生ずるのを妨げる）所知障を根絶する時、習気の根絶を行う時、如来、阿羅漢、正等覚となる。

これら三阿羅漢は阿頼耶識を捨離する。」（cf. PPU. p. 32）

転依＝阿頼耶識の捨離（排除）＝解脱身の獲得

「それ（阿頼耶識）の捨離（vyavrtti）」とは何か。転依である。（それは）心の相続の依止の雑染分と共に止息するが、清浄分と共に虚空にいたるまで進む。一切の雑染法の種子である習気の、その時、すなわち断滅する故に、所依の阿頼耶識は、その時、除去される。種子が尽きる故に、一切の雑染法は生じない。かの所依は、その時、「無漏界」と言われる。それはまた虚空のように一味である。「住処」と「受用物」と「身」として顕現する（阿頼耶識の）知の種子が尽きる故に、（阿頼耶識は）生じない故に、「解脱身」とも言われる。」（cf. PPU. p. 32）

（註） 巻末の資料①「虚妄分別の構造」参照。

『唯識三十頌』第二偈の安慧釈は次のように、述べています。

「果転変は、また、異熟習気が働きを得るから、前世の業の牽引が円満した時に、すべて阿頼耶識が他の衆同分の中に生まれることと、等流習気が働きを得るから、諸の転識と染汚意とがすべて阿頼耶識から生ずることとである。」（巻末の資料①参照）

（註）「衆同分」―多くの有情を相互にそれぞれ相類似させる力のあるもの。有情をして同等、類似の果報を得しむる因。衆生類型。

このように、阿頼耶識は、異熟果として、阿頼耶識として「身」「住処」等として顕現し、さらに、等流果としても、（阿頼耶識より）染汚意や生起識等として、同一刹那に顕現します。この中、「身」とは諸々の根（五種の感官）であり、「住処」とは器世間（大地）と言われます。また阿頼耶識は、染汚意によって自我として執着されるが、それらがすべて転依によって一気に消滅すれば、阿頼耶識の種子が尽き、一切の雑染法は生じないので、それは「解脱身」と言われます。

阿頼耶識の種子が尽きる故に、「解脱身」となるということから、ラトナーカラシャーンティは、唯識思想は「自性清浄心に基づく思想」であると主張しているようです。すでに引用したMV 1-16, 21, 22偈で見られるように、とりわけ、MV 1-22偈は「それ（空性）は汚染されたものではなく、汚染されないものでもない、また、清浄でもなく清浄にされていないものでもない。心の自性は輝き、清らかなものであるからである。（心にひそむ）諸々の煩悩は偶来的なものである。」と説かれています。

三、虚妄分別とは何か

PPU. Skt. pp. 27ff. では、虚妄分別について、次のように述べています。「虚妄分別は三界の心、心所である。その中、境を見るものは心（識）であり、それの差別（を見るもの）が心所である。」と述べて、虚妄分別をさらに、三種、四種、六種等に分類して解説しています。ここでは、四種と六種に分類された虚妄分別について解説します。

四種の虚妄分別（**巻末の資料①「虚妄分別の構造」参照**）

「虚妄分別はまた、四種のものであり、1「対象として顕現するもの」と、2「有情として顕現するもの」と、3「自我として顕現するもの」と、4「識（vijñapti）として顕現する識（vijñāna）」との四つである。その中、受用物と処（六境）として顕現するアーラヤ識が、1「対象として顕現するもの」である。身（五根）として顕現するそれ（アーラヤ識）が、2「有情として顕現するもの」である。染汚意であるそれは、3「自我として顕現するもの」であり、アーラヤ識をそれ（染汚意）が自我として執着するからである。

生起識であるそれは、4「識として顕現するもの」であり、諸々の境を能取する（知覚する）ものとして顕現するからである。」

二種と六種の虚妄分別

「虚妄分別は二種と六種のものである。どうして二種のものであるか。1「所取の相」と2「能取の相」とである。所取相と能取相は、所取と能取として顕現するからである。どうして六種であるか。それら（所取相と能取相との）二つに、各々、三種あるからである。1「住処（pratiṣṭha）」と2「受用物（bhoga）」と3「身（deha）」として顕現する。意と取（udgraha）と分別とである中の、4意とは「染汚意（kliṣṭa manas）」である。5取とは「五転識（pañca pravṛttivijñāna）」である。6分別（vikalpa）とは「意識」である。常に（ekāntena）分別するからである（vikalpakatvāt）。」

（註） 1住処＝器世間、2受用物＝五境、3身＝感官。

各種の註①、②、③、④

註①—右の「虚妄分別と空性」との関係について、『中辺分別論』1-1は次のように述べています。（巻末の資料①「虚妄分別の構造」参照）

「虚妄分別はある。そこに二つのものは存在しない。しかし、そこ（虚妄分別の中）に空性が存在し、その（空性の）中にまた、かれ（すなわち虚妄分別）が存在する。」（MV I-1）

ここで「虚妄分別」というのは、知られるもの（所取）と知るもの（能取）（との二者の対立）を分別することである。「二つのもの」とは、この所取と能取である。（それら二つのものは究極的には実在しない。）従って「空性」とは、ここではこの「虚妄分別」が所取と能取の両者を離脱し（両者が否定され）ている状態である。「その中にまた、かれが存在する」とは、（「空性」の中に）「虚妄分別」が（存在すること）である。（cf. 長尾 ibid. pp. 219f.）

註②――「我々の識の流れ」について（巻末の資料①「虚妄分別の構造」参照）

世親の『唯識三十論』の第一偈の安慧釈は次のように述べています。

「それ（転変）はまた因の状態としてと果の状態としてとに区分せられる。その中で「因転変」とは、アーラヤ識の中で異熟と等流との習気が増長することである。」（巻末の資料②参照）

「「果転変」とは、「異熟習気」（善悪などの業によって熏成された無記の業種子）が働きを得るから、前世の業の牽引が円満した時に、すべて、アーラヤ識が他の衆同分の中に生まれることと、「等流習気」（善因より善果、悪因より悪果などが熏成された業種子）が働きを得るから、諸の転識（生起識）と染汚意とがすべてアーラヤ識から生ずることである。」

注意すべき点は、根源のアーラヤ識から、①「アーラヤ識自体が生起すること（異熟習気が働き）」と、②「根源のアーラヤ識から、生起識と染汚意として生起すること（等流習気の働き）」で、アーラヤ識の二種の生起が区別されています。

註③──「種子生現行」「現行熏種子」について（巻末の資料②参照）

これらは同時に、現在一刹那に行われます。『成唯識論』二には、これらの働きについて、「炷焔の譬」が説かれています。それは炷（燈心）の焔（炎）を生ずるのと、焔（炎）の炷（燈心）を燃やすこととの因果同時であることを例としています。『論』の二には次のように述べています。

「能熏ノ識等ハ　種ヨリ生スル時　即チ能ク因ト為リテ　復タ薫成ス　種ハ三法展転シテ　因果同時ナルコト　炷ノ焔ヲ生ジ　焔ガ生シテ炷ヲ焦スガ如ク　亦、束蘆ノ、交互ニ相依ルガ如ク、因果倶時ナルコト、理ハ傾動セズ」（「成唯識論」二）

「三法展転因果同時」とは現行を生ずる種子と生ぜられた現行と、その現行に薫ぜられた種子と、この三法において種子生現行の因果と、現行熏種子の因果と展転が同時であることを譬としています。（cf. 花田著『唯識要義』p. 204）

註④——さらに、各種の「仏教辞典」に見られる、依他性の解釈について

1、『仏教語大辞典』東京書籍（p. 101）によれば、「依他起性は因縁和合によって生じ、因縁がなくなれば滅するもの」とされていますが、「因縁がなくなれば」という表現は正しくありません。何故なら、依他起性の対象である、所取の分別性は最初から無（非存在）であり、因縁は途中から、なくなることはありません。

2、さらに、『仏教学辞典』（法藏館 pp. 162f.）によれば、（依他性とは）「他（即ち種々の縁）によって起こったものをいい、縁が合えば生じ縁が離れれば滅びるもので、幻のように、固定的な永遠不変の実在ではないから如幻仮有、仮有実無であり、真理をさとる智慧によってのみ知られて、迷情では考えられないから、理有情無である。」と述べています。しかしPPUで上述したように、依他性＝虚妄分別は、理無である分別性を有として分別するので、それは「虚妄分別」なのであり、空性の立場からは、無を分別する依他性は究極的には否定されるので、情有理無であります。（cf. MV 1-1）

四、虚妄分別（迷い）から意言分別（智慧）へ

（一）虚妄分別も意言分別も、本質的には依他性である

縁生の依他性はさらに、二種に分類されています。

『摂大乗論釈』（大正31-188b）では、右の依他性の「虚妄分別」の外に、さらにもう一種の依他性である「意言分別」が追加されています。

「釈曰。此先明依他体類。従二種熏習生。一従業煩悩熏習生。二従聞熏習生。由体類繫属此二熏習。故称依他性。若果報識体類為依他性。従業煩悩熏習生。若出世間思修慧体類。従聞熏習生。」

【釈して曰く。これは先に依他性の体類を明かす。二種の熏習より生ず。一は業煩悩の熏習より生ずる（虚妄分別）。二は聞の熏習より生ず（意言分別）。（依他の）体類によってこの二つの熏習に繫属することにより、故に「依他性」と称する。

一、もし果報識（阿頼耶識）の体類が依他性となるならば、「業煩悩の熏習」より生ず

る。（虚妄分別）

二、もし出世間（の思・修の慧）の体類ならば、「聞の熏習」より生ずるものである。

（意言分別 manojalpa）】

さらに、「依他」という意味を次のように解釈して、述べています。

「もし識が此の性を分別し煩悩となるならば、或は業となり果報となるならば、不浄品に属する。」

「もし般若が此の性を縁じて、分別されることが無ければ、浄品となる。換言すれば、境界が清浄であり、道が清浄であり結果が清浄である。」（大正31-188b）と。

換言すれば、虚妄な依他性（虚妄分別）の三性説によって唯識無境が説かれ、聞・思・修慧の体類に摂せられる「清浄な依他性（意言分別）」によって、さらに唯識観は極められます。

（二）清浄分の依他性（意言分別）は、三性説の依他性とは全く相違する

『摂大乗論釈』（大正31-250c）では「清浄分の依他性」について次のように区別して述べ

ています。

「論曰。清浄分依他性。転依為相故」

【論じて曰く。「清浄分の依他性」は転依を特相とする故に。】

「釈曰。欲顕異無分別後智。離一切分別故。言清浄性分。此無分別智又是依他性一分。依他性有二分。前明滅障顕無分別境。後明於一切法得自在。為能顕無分別智。此二分是転依。転依為法身相」

【釈して曰く。無分別後智と異なることを顕わさんと欲する。一切の分別を離れている故に。「清浄分の性分」と言う。この無分別智もまた依他性の一分である。依他性は二分を有する。①前に障を滅し無分別の境を顕わすことを明かし。②後に一切法において自在を得ることを明かす。能く無分別智を顕わさんが為に、この二分はこれ転依である。転依は法身相と為る。】

以上を要約すれば、依他性には、①「三性説の、分別性という障害を滅し無分別の境を顕わす依他性」と、②「清浄分の依他性（意言分別）」がある。後者の②は、一切法において自在を得ることを明かす。無分別智を顕わさんとする故に、これら自在の獲得と無分別智を顕わすことにより、それは「転依」であり、転依は「法身相」となると言われています。

右の①「三性説の依他性」と、②「意言分別」の他に、瑜伽行派には、③「不浄品と浄品との二分からなる（無住処涅槃と法身）の依他性」がありますが、ここでは省略します。

（cf. 上田義文著「摂大乗論講読」pp. 123ff.）

五、ラトナーカラシャーンティの、梵文『般若波羅蜜多論』の「菩薩の修道論」

（註） 般若波羅蜜＝無分別智（『摂大乗論釈』〈大正 31-245a〉）「論曰。此無分別智即是般若波羅蜜……」

ラトナーカラシャーンティはその著書の中で、意言分別から無分別智への過程を次のような四つを唯識観の中で明らかにしています。

一、「尽所有」の一切の事物を対象とすること、二、「如所有」の唯心を対象とすること、三、「如所有」の真如を対象とすること、四、対象のなきこと（無所有であること）。テキストは梵文の Prajñāpāramitopadeśa=PPU. とチベット語訳のテキストを使用しています。

（註）「尽所有」は五蘊、十二処、十八界等の「一切法」を意味し、「如所有」は「それらは唯心に他ならない」という「真如」を意味します。（cf.『解深密経』分別瑜伽品　第六〈大正 16-69c〉）

瑜伽の第一段階

「その中で、第一のものをまず説こう。ここに、聞と思と（の慧＝意言分別）を完成した菩薩は、一人、静寂な場所を求め、結跏趺坐しつつ、身を真っ直ぐにして、甚だしい恐怖もなく、甚だしい掉挙（心を落ち着かせない精神作用）もなく、正念正知を有することによって、自性として散乱する眼と耳と鼻と舌と身との識を制伏して、等持（三昧）に入り明瞭清浄となり、念想によって作意すべきである。このように、この色は青色、黄色等である。この声は美しい、美しくない等である。この香は甘い、甘くない等である。この味は甘い、酸っぱい等である。この触は冷たい、熱い等である。この法は楽、苦、瞋恚、虚空、涅槃等である。これら六つのものは所取の境界として各々顕現すると。

内の顕現の自体である識の六界は以下の通りである。眼識と耳識と鼻識と舌識と身識と意識である。これらの六界の所依は六根の界であり、それはまた、五つの有色を自性とするものと一つは無色のものである。以下の通りである。眼球の中の眼根は胡麻の花の開花したもののようである。耳の奥底の耳根は樺の皮の結び目を切断したもののようである。鼻の付け根の鼻根は小さな針を配列したようなものである。全身の意根は身体のようなものである。意は（意識と）相応し、（それが滅した）瞬間の過去の意根のようなものである。」

①　止（śamatha）を成就する

自身のように、一切の衆生もまた、六境、六根、六識の所取の十八界を有する。十方の一切の世界に属する種々のものを作意して、それが種々に各別に顕現する心を対象とし、意言（manojalpa）（＝耳識等によって生じた有分別の意識）を捨てて止を修習するであろう。心と身の軽安（平安で融通性をもち軽快な状態）を得るや否や、止は成就する。

②　観（vipaśyanā）を成就する

それから、止の成就によって、種々のこれらの影像のみが一切法である。それは以下の通りである。色界より意界に至るまでを観察すべきである。普遍尋思すべきである。周審観察する意によって、観を成就するであろう。

③　止観双運によって瑜伽の第一段階に到達する

それから、その後に、有分別の影像を対象とするかの心そのものにおいて、二つのもの（影像と心）を平等に対象とする心によって間断なく作意し続けることが止観双運の道と言われる。『般若波羅蜜多論』の「尽所有のもの」（一切法）を対象とする瑜伽の第一地である。

瑜伽の第二段階

それから、第二のものについて、種々に顕現するそのものに心を集中して、以下のように考察すべきである。（すべては）名称のみであり、色（物 rūpa）は名称のみであるより（乃至）意は（名称のみである）に至るまでである。同様に、一切法は名称のみである。名称は対象（artha）（そのもの）ではない。（両者は）全く相違するからである。対象を全く知らなくても、名称のみは（顕現し）、名称を全く知らなくても、対象は顕現するからである。それ故に、名称のようには、対象は存在せず、色（物）は名称のみであり、対象は存しない。同様に一切法は名称のみであり、（対象は存しない。）また、ある者が世間の色（物）を分別し、このように、一切法も名称のみであるから、たまたま、名称として仮設する。それ故に、色（物）は（名称の対象としては）存しないより（乃至）一切法（までも名称の対象としては存しない。）
これらは唯心であり、対象は存在しない時にも、対象としての顕現は対象として執着する習気の力より生じ、賭博を常習とする力より、賭博遊戯が夢のように顕現するようなものである。

（註）　『大乗荘厳経論』XI-39

「名称と物とがあるに応じて物が現れ名前が現れるならば、それは実に虚妄なる分別の目印なのであり、妄分別されたという特徴（分別性）である。」

（解説）　右の『大乗荘厳経論』によって、右の「瑜伽の第二」を解説する）

Ṭīkā によれば、名前の自性が物である、あるいは逆に物の本質が名前であると考え、名称と物とは本来、外来的、偶然的・非本質的であるにも拘わらず、それを名即義（物＝対象）、義即名として同一物であるかの如くに見ることが分別性とされている。（cf. 長尾『大乗荘厳経論』和訳と注解(2) p. 92）

①　止を成就する

その中で、これらはたまたま名称として仮説されたものに過ぎず、また、心以外のものとなっている心の所取の対象は決して存在せず、所取と能取としては存在しない。それで所取と能取は空であり、不可説であり、これらは唯心であると種々に確定して一切の意言を離れ、「一切法は唯心である」というそのことに心を結び付け、動揺なく、（心を一点に）専注し、止を起こすであろう。身と心との軽安（心身が平安で軽快な状態）を得るやいなや、（止は成就するであろう。）

② 観を成就する

軽安を得ることによって、かの三昧の行境を各々、種々に幾度となく簡択すべきである。これらすべての種々の無自性である十八界は唯心であり、所取と能取は存しない。このように、これを幾度となく観察し、極簡択し、普遍に尋思し、周審観察し、身と心が軽安である時、観である。

③ 止観双運によって、瑜伽の第二段階に到達する

その後に、有分別の影像とそれを対象とするかの心との両者を平等に間断なく作意し続けることが止観双運の道である。『般若波羅蜜多論』の「如所有のもの（唯心）」を対象とする第二地である。

瑜伽の第三段階

「それから、第三のものについて、このように、種々に顕現するものに心を起こしつつ、以下のように考察すべきである。これら「十八界」は自性として存在せず、唯心であり、所取と能取は空であると、また、ある者が、別々に顕現する名称を色であると言い、声であると言い、香であると言うより（乃至）一切法に至るまであると言う。さらにまた、別々に顕現する対象が（すなわち）以下のように、蘊と界と処として別々に顕現するものより（乃至）一切法として別々に顕現する限りのこの一切のものが法の相である。（それら一切のものは）法の影像であるからである。この一切のものは迷乱の因であり、戯論の相であり、顚倒の因である。（それらは）迷乱の所縁であるからである。それ（ら）として顕現する（一切の）もの等という知がかの虚妄な形象によって汚染されているから、かの顕現を所縁とすることにより、かの「顕現そのもの」は迷乱の所縁であると説かれる。それ故に、これら顕現する限りのものは迷乱であり、虚妄の境を見るから、勝義を見ない。」

① 止を成就する

「それ故に一切法の勝義を見たい」と願うかの者は、以下のように、かの止そのものによって、顕現の無くなった修習によって、現前している顕現のこれらの迷乱の相を離れるべきである。たとえば、ある修行者は、一人、静寂な場所に住して、禅定に入って、色想を超越し、虚空想によって一切のものに接近安住し、「空無辺処（定）」を成就して（それに）住するそのように、この菩薩もまた、種々な十八界が心の顕現のみであることに、心を平等に保ち、一切の意言を離れて、これら一切の迷乱の想とこれら一切の分別の想を離れるべきである。以下のように、身と樹木と村と城と河と海と大地と虚空と光と闇と月と太陽と星と星座等の顕現は全く存在せず、眼と耳と鼻と舌と身との根も全く存在せず、同様に、眼と耳と鼻と舌と身との色も存在せず、意と法界も存在しない。界は存在せず、同様に、処と蘊と仏の諸法にいたるまでも存在しない。このように、一切法の分別の相は所取となっている所相を離れることにより、それに相待する能取の相も滅して、虚空の全く無垢であり、無辺際であるように、一切法の法性は二つのもの（所取・能取）として空である顕現のみとして見られる。一切法は空として顕現したものであると見るかの心そのものに、心を専注して動揺すべきではない。身と心が軽安になるや否や、止を修するであろう。」

(註)　「空無辺処定」―色界の第四禅を超えて、定を抑える一切の想を滅して「空間は無限大である」と思惟する定。

②「観を成就する」は省略する

③止観双運により、瑜伽の第三段階に到達する

その後に、かの有分別の三昧の行境である一切法の空性の影像と、それを対象とするかの心を間断なく作意し続けることが止観双運の道である。『般若波羅蜜多論』の中の「如所有」の一切法の真如を対象とする第三の瑜伽地である。

瑜伽の第四段階

さらに、その者（菩薩）は真実性に心を平等に保ち、以前に修習した力によって、任運に、無功用にして、一切法が自性として真如であることによって、現前に領納を達成した時、（真実性）は二つのもの（所取・能取）として存在しない無分別智であり、無迷乱であり、法と法性の相の永久に消滅したものであるから、無顕現であり、無所縁であり、無分別である、止と観を自性とする、極めて明らかな顕現をする、出世間の無漏の清浄智が現前する。それが第四の瑜伽地である。勝義智が現れる限り、それは見道であるが、その見られたものを観察する時、それこそ修道である。

六、「意言分別」も、「虚妄分別」のアーラヤ識の如く、種子を有する

意言分別（manojalpa）について『摂大乗論釈』応知入勝相の初めの「論」において、次のように、述べています。

「論曰。如何応知応知入勝相。多聞所熏習依止。非阿梨耶識所摂。如阿梨耶識成種子。正思惟所摂。似法及義顕相所生。似所取種類。有見意言分別。」

【論じて曰く。如何に『応知入勝相』を知るべきか。多聞に熏習せられた依止はアーラヤ識の所摂ではないが、アーラヤ識の如く種子を成し、正思惟に統括され、法（大乗経典の教え）および義（大乗経典の理）に似て顕れる相として生じた、所取の種類に似たものは、有見の「意言分別」である。】（大正 31-198c~199a）

要約すれば、次の如くです。

①大乗法を多聞することを依止とする。則ち身体相続する。

②アーラヤ識のように、種子を成すが、一切の不浄品の種子を成すのではなく、その多聞熏習は一切の浄品の法を生因とすること。

③「正思惟に摂せられる」ということは、法（十二部方等経のような大乗経典の教え）および義（そこに示された教理）を縁として、心がこの理教に相似して縁となり、覚観（言語を発する因となる）分別が生ずること。

④意言分別とは、意識が思惟を覚観するものであり、意言分別に、特別に義（境）があってそれ（その境）を所縁とするべきものではない。「まず（有分別の意識を経て、）名前によって諸法を分別する故に、「意言分別」と言うのである。「多聞熏習はこの法因を為す依止である」と。」

「又必依名分別諸法故。言意言分別。多聞熏習依止為此法因」（大正31-199b）

【また名によって諸法を分別する故に、意言分別と言う。多聞の熏習を依止とすることをこの法の因とする。】

とも言われています。

右の「意言分別」の「アーラヤ識と同様に種子となる」について、『摂大乗論』において、長尾先生は、特に次のように解説しています。

「それは意言への種子となることである。あるいはまた、意言は悟りそのものを示すと考えられるかもしれない。「唯意言」ということもいわれて、それは唯分別、従って唯識に通じ、従ってそれは一種の悟りといってよいが、意言そのものが悟りではないことは、分別や識が悟りではないのと同様である。意言は本質的に意識なのである。ただ意識が一般の世俗の場面で用いられる概念であるのに対して、今はいわゆる浄品熏習の語られる場面であるから、意言という深みのある語を用いたものかと思われる。意言が悟りそのものではなく、転依への踏み台となることは明瞭である。」（cf. 長尾 ibid. p. 63）

「意言分別」は、「虚妄分別」が「煩悩の心」であるのに対し、教えに従って生まれてくる分別であって、煩悩心（虚妄分別）を破るところの「智慧（prajñā）」であり、唯識の教えを聞き始めてから仏果位までの全過程が唯識観（一、願楽行地。二、見道。三、修道。四、究竟道）において働く分別を意味します。

たとえば、その中の「一、願楽行地」については次のように述べています。

「諸菩薩有りて、ただ一切の法は識が有るのみなることを聴聞し、この教に依って聞くに随って信楽の心を起こし、一切の法は唯だ識有るのみという理の中に於いて、意言分別（聞慧・思慧・修慧）が生ずる。此の願楽（願い求めること）によって、意言分別するからである。菩薩はすでに唯識観に入ると説く。此のような知を作すことを名づけて唯識の「願楽位」に入ると名づく。」（cf.『摂大乗論釈』〈大正 31-199c.〉）

七、「意言分別」とは何か

「意言分別」について解説している、瑜伽行派の古い文献の一つ、『大乗荘厳経論』XI-6の安慧釈に次のような用例を見ることができます。

因みに、長尾先生のXI-6に対する和訳は次の通りです。

「説かれた通りに（法の）意味に対する浄信を抱ける者は、心に種々に語ること（意言）によって（法を）把持するから、また（心に）語ること（意言）から物としての顕現があり、かつまた心は観念（名）の内に住するから。」（cf. 長尾『大乗荘厳経論』和訳と注解(2) p.34）

チベット文「経荘厳釈疏」の和訳解説

（一）　意言によって、すでに説かれたように、「義（対境）を信ずることを堅持する故に（pradhāraṇāt）。」（6a, b）と説かれる。即ち、耳識は無分別である故に、それによって義（対境）を了解することはできないから、「意言」といわれるものによるのであり、耳識に従って生じた有分別の意識を「意言」という。心乱れることなく法を聞き、心一境（心を一つの対象に向けて集中）して法を聞き、耳を傾けて法を聞き、平等心をもって法を聞く時、阿闍梨耶（Ācārya）によって、「一切法は心より生ずる」とすでに説かれた如く、堅信し信解することによって、そのごとく堅持し、それら名、句、文等のすべては心より顕現したものであると聞いたことを分別し、信頼する時、「聞慧によって法縁を得る」と言われる。

さらに、「（意）言より義（対境）としての顕現があり、」（6c）と説かれ、心（一境）に入り、意言より、これらの義（対境）の体が形相（ākāra）をもって（現れる）と雖も、（意）言を離れて、これらの義（対境）が（意言）とは異なるものとして別に存するのではないと見るその時、聞慧によって法縁を得ると言われる。

（二）上（直前の偈）において（「内外の所縁を得ること」（XI-5～）と説かれたように、所取という義（対境）より能取という義（対境）が異ならないことを見て、能取という義（対境）より所取という義（対境）が異ならないと見る時、思慧によって法縁を得ることが設立される。

（三）「心の、名に於いて住する故に」（6d）と説かれ、「心の」とは、「修慧の」という意味である。「名」という語は受等の無色の（四）蘊を言う。所取、能取の二つのものが了得されず、所縁として（それらが）存しない真如のみに住することを「名

に於いて住する」と言い、このようになった時、修慧によって法縁を得ると言われる。（巻末の資料③参照）

それもまた、上述の「内外の一切の真如を了解し、二つのもの（所取と能取）の存しない所縁を得る」（XI-5世親釈）の如くに得られる時、修慧によって法縁を得ることが設立される。

右の安慧釈では、意言分別（聞慧、思慧、修慧の三慧）は要約すれば、次のように分類されています。

一、意言とは耳識に従って生じた有分別の意識であるので、意言を離れて、これらの境が意言とは異なるものとして、別に存在しないと見ることは聞慧である。

二、（一切法は心より生じたものであるから）能取という境が所取という境とは異ならず、所取という境が能取という境とは異ならないと見ることは思慧である。（cf.『大乗仏典』15〈世親論集〉p. 232）

三、所取と能取の二つが了得されず所縁として存しない真如のみに住すること、すなわち「名（色を除いた）は受、想、行、識の四蘊）においてて住すること」が修慧によって法縁を得ると言われています。

『中辺分別論』一・六の安慧釈も次のように述べています。

「境を取得せざることに依りて唯記識をも取得せざること生ず、というは、識より外に所分別の所取なき故に、唯記識（能取）によりて所取の無に入る如く、所取の無により唯記識（能取）の無にも亦悟入す。所取性によりて彼の能取性を安立する故に、所取なきときは能取はありうべからず。かくの如くして遍計所執の体なる所取と能取の無相に入る。」（巻末の資料③参照）（cf. 山口『中辺分別論釈疏』p. 41）

八、意言分別とはどのような分別であるか

意言分別の概略は次の通りです。

『摂大乗論釈』（大正 31-203b）は次のように述べています。

「論曰。此観中意言分別。似字言及義顕現。」

「釈曰。従願楽位乃至究竟位名観中。縁意言分別為境。離此無別外境。何以故。此意言分別。似文字言説及義顕現故」

【論じて曰く。此の観の中で意言分別は、文字、言説及び義（六識所縁の境・物）に似て顕現する。

釈して曰く。願楽位より乃至究竟位までの名（受、想、行、識の四蘊）の観察の中で、

意言分別によってそれを境とする。これ（意言分別）を離れて別の外境はない。何故か。この意言分別は文字、言説及び義（六識所縁の境・物）に似て顕現するからである。】

（註）「義者即六識所縁境」（大正 31-203b）

九、意言分別と解脱（唯識の真観）

以下、「意言分別」の本文を解説の便宜上、A、Bの二段階に区分して解説する。

A「論曰。次於此位中。但証得唯意言分別

釈曰。是観行人已遣外塵。於此観中復縁何境。観一切境唯是意言分別故。此観行人縁意言分別為境。未能遣於此境。若未能遣唯識境。在此位中已遣何境。皆尽無余。此位但不見四境。何者為四。」（大正 31-203c）

A【論じて曰く。次に此の位の中において、ただ意言分別のみを証得する。

釈して曰く。此の観行人（菩薩）は已に外塵（境）を遣る（払い除く）。此の観においで、またどんな境を縁ずるか。一切の境を観ずるとは、これはただ意言分別のみであるからである。この観行人（菩薩）は意言分別を縁じて境とする。未だ此の境を遣らず。もし唯識の境をまだ遣らないならば、此の位の中で、すでにどんな境

を遣ったのか。皆（すべての境）が尽き、余りは無い。この位ではただ四境を見ない。何が四（境）であるか。】

（解説）「意言分別において、どのような境を遣るのか」という問いに対して、次のBにおいて、「名称も（それの対象となる）物もともに見ることはなく、自体と属性との設定（仮説）もともに見ることはなく、自体や属性を具えているような対象の相も見ることはない」と主張するために、ここでは「四境」すなわち、「名称と物と自体と属性の四境だけは見ない」と述べられています。

B「論曰。是観行人不見名及義。不見自性差別仮説。由実相不得有自性差別義已。釈曰。名義是本。名義各有自性及差別仮説。即是名不見自性差別仮説。即是不見自性差別名。遣此四法永尽無余。由心縁意言分別為境。決定堅住是故不復分別余境。由四種尋思及四種如実智。已了別此四法決定無所有故。心不縁此相。不縁此相故不得此四種分別。若由二種方便遣外塵分別。復有何別方便及別境界。得入真観」（大正31-203c）

B【論じて曰く。この観行人（菩薩）は名称及び物（義）を見ない。自性（自体）と差別（属性）との設定（仮説）も見ない。実相によって自性（自体）と差別（属性）の境を有することを得ないのである。
釈して曰く。名称と物（義）は基本である。名称と物は各々、自性（自体）及び差別（属性）の仮説（設定）を有する。即ちこのことは（意言分別では）名称は自性（自体）及び差別（属性）の仮説（設定）を見ないということである。則ちこのことは自性（自体）と差別（属性）の設定という名称を見ないということである。則ち此の四法（名称、物、自体、属性）を遣って、永久的に尽き、別に余りはない。心縁によって意言分別を縁じて境となす。決定して堅く（意言分別に）住する、この故にまた、余の境を分別しない。四種（名称、物、自体、属性）の考察及び四種（に対する）如実智によって、すでにこの四法を了別し、（それらが）無所有（非存在）であることを決定している故に、心はこの（四つの）相を縁じない。この相を縁じない故に、この四種の分別を得ない。もし二取（所取・能取）の「方便」によって外境の分別を遣るならば、復たどのような別の方便及び別の境界を有して「真観」に得入するのか。】

（解説）

Aではまず、「菩薩は意言を縁じて境とする。未だこの境を遣らず」と述べながら、Bでは、「名称」と「（それの対象となる）物」の両者は、「概念」とそれに対応する「事物」

として、一応、切り離して別々に考察されますが、具体的には、「名称」とは「物の名称」であり、「物」とは何らかの「名称」で想定される物ですから、両者は一体として考察されます。その時、そのような「物の自体」が設定され、また「属性」が設定されます。「物の自体」とは、たとえば、「花そのもの」であり、「属性」とは、「その花の赤いこと、「美しいこと」」等々です。

これら四種において、「名称」と「物」との考察はこの両者の結び付きが相互に偶然的であること、すなわち名称は物にとって、物は名称にとって互いに本質的に結び付いたものではないことに重点がおかれています。また「自体の設定」と「属性の設定」については、それが単に「設定のみであること」、すなわちそれは言語的表現であり、事物の本質に触れないものであることに主眼がおかれています。意言分別では「〈名称等の四種のものが無所有〈非存在〉であること〉が決定しているので、所取・能取の不可得によって、心は四つの相を所縁としないので、さらにどのような別の方便および別の境界を有して、唯識の真観に得入するのか」と述べ、「当然、所取と能取の不可得によって唯識の真観に入るのである」と述べています。

要約すれば、「前者Aを悟入への方便とし、後者Bをその結果」としての「見ることのない智」、すなわち「あるがままの遍き智への悟入」と解することができます。換言すれば、AとBによって、最終的には「(所取・能取を)見ないことによって、無相へ悟入する」ことが述べられています。(cf. 長尾 ibid. p. 34)

方便の相を説く『中辺分別論』一・六は次のように述べています。

「得られることに基づいて、得られないことが生じ、得られないことに基づいて、さらにまた得られないことが生ずる」(cf. 長尾『大乗仏典』15 p. 225、山口『中辺分別論釈疏』p. 41)

同様に、世親の『三性論』36, 37偈にも、その記述が見られます。

「(それ故に、)ただ心のみと見ることによって、知の対象(の実在)を見ないということがある。知の対象を見ないことによっては、心(の実在)もまた見ないこととなるであろう。」(巻末の資料③参照)

「主観(能取)・客観(所取)、あるいは心と対象の両者を見ないことによって、法界が見られるので、法界が見られることによって、(あらゆるものに対する)自在が得られるであろう。」(cf. 長尾 ibid. p. 212)

ここでは、意言分別によって、唯心の肯定から始まり、さらに所取、能取の否定へ進み、そして最後に唯心もまた否定され、「唯識の真観(無分別智)」に入ります。

十、「虚妄分別」より「意言分別」へ、さらに「無分別智（唯識の真観）」へ
――「蛇・藤蔓・四塵の譬」によって解説する

そこでは唯識観の行が説かれ、その行の進展の過程に即して、「虚妄分別」より「意言分別」へ、さらに「無分別智」への次第が説かれます。

この譬では、「まず虚妄分別で境の有を確信していたが、次に意言分別で境の無を観じて、さらに此の意言分別も遣り、最後に一切の分別が消滅し、無分別智・真如に至る」という過程が示されます。

『摂大乗論釈』（大正31-204b~205b）において、ある人が暗中に、藤蔓を蛇と見間違え（虚妄分別）、後にそれを藤蔓と知る場面で、「菩薩はすでに聞・思二慧（意言分別）を得て、唯識方便観に入る」と言われます。

「釈曰。人見藤相執言是蛇。……衆生従本以来。不聞大乗十二部経説三無性義。未得聞慧為三煩悩所覆。譬之如闇。有人譬二乗凡夫。藤相譬依他性。蛇譬分別性。二乗凡夫不了依他性。執分別性有人法。」

【人（衆生）は藤蔓の相を見て、執してこれは蛇であると思う。……衆生は本より以来、「大乗十二部経が三無性（相無性・生無性・真実無性）の義を説く」のを聞かず、いまだ聞慧を得ず、為に三煩悩（三顛倒）に覆れている。】

（註）三顛倒＝想顛倒、見顛倒、心顛倒。

【譬えば、闇夜のように、「ある人」を「二乗（声聞・縁覚）の凡夫」に譬える。「藤蔓の相」は依他性に譬える。「蛇」は分別性に譬える。「二乗の凡夫」は依他性を了別せず、分別性を「人法あり」と執する。

しかし意言分別によって、藤蔓である依他性の中に、「蛇である分別性は虚（非存在）であり、実際には人法はない」という段階で、菩薩は、すでに聞・思慧の二慧（意言分別）を得ており、「唯識の方便観」に入る。】

「釈曰。未得聞思慧時。於凡夫位中執有人法。此執本無有境。得聞思慧後。了別依他性。此執即滅唯依他性智在。」（大正31-204b）

【未だ聞・思慧を得ていない時、凡夫位においては、人法はありと執するが、意言分別によって、この執は本来、境が有ることはなく、聞・思慧を得た後、それは依他性であることを了別し、此の執は即滅し、ただ依他性の智のみとなる。（しかし此の藤蔓の智即ち依他性の智も、微細な分析によっては虚しい存在であって、実在の境ではない。）】

「釈曰。若人縁四塵相分析此藤。但見四相。不見別藤故藤智是虚。虚故是乱無有実境。妄起境執」（大正 31-204b）

【釈して曰く。もし人は四境（artha）（色・香・味・触）の相によってこの藤蔓を分析すれば、ただ四相（生・住・異・滅）の身（集まり）であることを見る。これ（四境の相）とは別に、藤蔓を見ない故に、藤蔓の智は虚（非存在）である。虚である故に、是れは乱（惑い）であり、実の境は有るのではなく、妄（みだり）に境執を起こす。】

「論じて曰く。何故か。ただこれは色、声、香、味、触の相であるからである。」

「釈曰。何以故。藤非実有。以離四塵外無別有藤故。」（大正31-204b）

【釈して曰く。何故に、藤蔓は実有ではないか。四境（色・香・味・触）を離れて、外に別に藤蔓の存在は有り得ないからである。】

「釈曰。於入分別性位中。菩薩已証無相性。此無相性能引無生性智故。唯識智応可伏滅。如了別四微時藤智不生。」（大正 31-204c）

ここでは菩薩はすでに分別性の無即ち無相性をすでに証得しており、無相性について、分別無相によって依他無生となる勝義無生は、『唯識三十頌』安慧釈の第二十二頌釈に見られるように、「分別無相性と依他無生性との二無生性は、真実無性＝真実性である故に」、究極的には、唯識智は伏滅すべきである。それは四微（色香味触又は地水火風の四大？）を了別した時、藤の智が生じないように」と言われています。（cf. 上田『「梵文唯識三十頌」の解明』p. 81）

『摂大乗論釈』は続いて次のように述べています。

「釈曰。依無相性智得入無生性。此言及譬。顕入依他性及真実性。」（大正31-204c）

【釈して曰く。無相性によって智は無生性を得る。この言葉及び譬は、依他性及び真実性に入ることを顕示する。】

ここで、比喩は、「蛇は藤蔓の知覚によって消滅し、藤蔓の知覚は四塵の知覚によって斥けられる」ことを示唆しています。

究極的には、（修慧において）四塵の知覚さえも消滅します。従って四塵さえも滅し、ここでは「唯識」ということも、否定され、すべては無となり、まさしく「無分別智」となると述べられています。（大正31-205a）

これには、「もし外界の対象が非実なる故に唯識である」と悟入するのであれば、どうして「唯識へ悟入する」と言うことが可能となるのか。なぜならばその場合、「唯識」ということも一つの対象となるから、「一切の対象は非実在（空）とは言えないはずである」という、「唯識」を否定する側からの問難を配慮したことも想定されています。それ故に無分別智（唯識の真観）によって「唯識」ということそのものも否定されます。

十一、「無分別智」の成立

長尾先生によれば「唯識とは、識が存在論的に、或いは客観的・対象的に、最後の絶対的存在として定立されることではない。唯識なるが故に、必然的に識もまた否定され、不可得である。それが無分別智の意味であり、無分別智において却って法界としての唯識性が現成する。このことが三種の実存（三性説）を通じて見られる唯識性の意味である。」と述べています。（cf. 長尾著『摂大乗論　和訳と注解』下 p. 50）

これについて、『摂大乗論釈』（大正 31-204c）も次のように述べています。

「釈曰。若菩薩已了別一切法。但是意言分別。離此以外実無所有。由依意言分別。得了別分別無相性。」

【釈して曰く。もし菩薩がすでに一切法を了別しているならば、ただそれだけでこれは意言分別（聞・思・修の三慧）である。これを離れて外に実に所有はない。意言分別に依るによって分別無相性（対境である分別性の非存在）を了別することを得る。】

「若菩薩不見外塵。但見意言分別。即了別依他性。云何了別此法。若離因縁自不得生根塵。為因縁根塵既不成。此法無因縁云何得生。故菩薩能了別依他性及無生性。即是了別真実性。」（大正 31-204c）

【もし菩薩が外の塵（境）を見ないならば、ただ意言分別（聞・思・修の三慧）を見る。即ち依他性を了別する。如何に此の法を了別するか。もし因縁を離れて自ら根塵（六根と六境）を生ずることを得ないならば、（因縁はすでに存しないので）因縁の（無の）為に根塵（六根と六境）はすでに不成立である。此の法に因縁が無ければ、（根塵は）いかにして生ずることを得るであろうか。故に菩薩は能く依他性及び無生性（空）を了別する。即ちこれは真実性を了別する。】

最後に「**もし唯識という想をすでに捨てているならば**」と述べて、その釈で次のように述べています。

「論曰。若捨唯識想已。

釈曰。若菩薩依初真観。入依他性。由第二真観除依他性。即捨唯識想」（大正 31-205a）

【論じて曰く。もし菩薩は唯識想を捨て已るならば、

釈して曰く。もし菩薩が初の真観に由って、依他性に入るならば、第二の真観により依他性を除き、則ち唯識想を捨てる。】

と述べて、やがて、無分別智へと到達し、「唯識想」ということも捨てることを示唆しています。

十二、梵文『入無分別陀羅尼経』を引用して、「無分別智・無分別後得世間智」を解説する

（無分別後得智とは阿頼耶識が転依して、無分別智に到達した後に生ずる清浄世間智である。）

さて、この取得において、特徴を述べます。

「無分別界に住する菩薩は、所知と差別のない（無分別智）によって、一切法を虚空の平坦さ（と同じ）と見る。その後に得られたもの（無分別後得世間智）によって、一切法を「幻、陽炎、夢、光影、反響（やまびこ）、影像、水中の月、化と等しきもの」と見る。」（cf. PPU. p. 76）

無分別智

ここに、かの所知と無差別である出世間智は所知である一切法において差別はない。一味（平等無差別）である真如のみを見るからである。さらにまた、所知である真如のみより、そのように無差別である。一味であるからである。さらにまた、所知である真如のみより無差別であり不異である。それ故に差別のないことより顕現するからである。「真如を知覚されるもの」として、それを知覚することによって、法（たとえば、所属物＝無常性）と有法（所属物を有するもの＝声）の諸相を滅するからである。「虚空の平坦さ」とは虚空のように平坦であるからである。すべての表面が水平でそれらを遮るもののないことが「虚空のように平坦」であるからである。

無分別後得清浄世間智

「その後に得られたものによって」とは出世間後得清浄世間智によってである。そこでは、有情世間を「幻のように」見る。（それは）存在しない、女、男等の存在として顕現するからである。器世間は「陽炎のように」、虚偽の水等として顕現しているからである。対境の享受は「夢のように」、無実体であるからである。身業は、「（心内の）影像（イメージ）のように」（実際に）運動しないからである。「光影のように」（実際の）運動をしないように。口業は「反響（やまびこ）のように」、（実際の）音声がないことから。非寂静地（一切の煩悩を断じつくしていない寂静を境地とする者の）意業は鏡中の「影像のように」、対象が存在しない時に、対象の身像のように、そこに顕現するからである。三昧地の意業は「水中の月のように」、軽安（心身が平安で融通性をもち軽快な状態）の水に濡れているからである。他人に向けられた意業を「化のように」見る。他人に依存しているからである。（cf. PPU. pp. 76ff.）

十三、釈尊の「金剛座」での沈黙と、その後の伝道、説法の開始

「無分別智の獲得」は「金剛座の釈尊」にとっては、無分別智によっては諸法の因果を正しく説こうとしても、この智は無分別であるので、効能はなく、「沈黙」せざるをえません。このような「無分別智」を経由して、「釈尊の伝道、説法の開始」を可能したのは、これに続く「無分別後得清浄世間智」の獲得によるものです。後得智の働きは多く「幻化の譬」を用いて説かれています。

「釈曰。……若由無分別智滅障立因得果。故入唯識観。入観後無分別後智其用云何。若

依無分別智。正説諸法因果無有功能。以此智無分別故。由無分別後智。於諸法相中菩薩自無顛倒。如自所証。亦能為他説諸法因果。為得此両用故。菩薩修無分別後智。」（大正31-207b）

【釈して曰く。もし無分別智に由って、障を滅し因を立て果を得るならば、故に唯識観に入る。入観後、無分別後智の其用は如何。若し無分別智によって諸法の因果を正説しても功能はあることはない。この智は無分別である故をもって。無分別後智によって、諸法相中に於いて、菩薩は自ら無顛倒（正しい見解を持てる者）である。自らの所証の如く、また能く他のために諸法の因果を説く。この両用を得んが為の故に、菩薩は無分別後智を修する。】

「釈曰。菩薩以無分別後智。観此因果相。自然無顛倒。不執有外塵内根唯識是実有法。何以故。菩薩已了別此等法似幻化等譬故。不可依見聞覚知相判諸法為実有。何以故。此心是清浄本所（清浄句）流故。」（大正31-207b）

【釈して曰く。菩薩は無分別後智を以てこの因果の相を観ずる。自然に顛倒なく、外塵と内根に執することなく、唯識は此れ実有の法であると。何故であるか、菩薩はすでにこれ等の法は幻化等の譬であると了別しているからである。見聞覚知の相に依って、諸法を実有であると判断すべきではない。何故か。この心は清浄なる本源（清浄句＝無分別智）からの流れ（後得清浄世間智）であるからである。】

十四、無分別智の行者は「唖人の如く」、無分別後得智の行者は「非唖人の如し」

『摂大乗論釈』（cf. 大正 31-242a）は、次のように述べています。

「釈曰。譬如唖人求覓諸塵不能説塵。如行無分別亦爾。在方便道中尋思真如。而不能説。譬如唖人正受諸塵。雖已得塵不能説塵。根本無分別亦爾。正在真如観。如所証見亦不能説。譬如非唖人正受諸塵。又能説塵後得智亦爾。如其所見能立正教。為他解説。」

右の文は要約すれば、次の通りです。

「根本無分別智は出世間智であるので、それにおいては所縁と能縁とが二つに分かれていないので、これは所縁と能縁との平等平等な智と言われます。この智は実有の境を見るが、この智は無分別智なので、自分の見るところを言葉に表現することができません。それで根本（無分別）智は自分の欲しいものを手に入れることができても、それがどんなものであるかを他人に説明することができないので、ここでは「唖者（口のきけない人）」

に喩えられます。

（無分別）後得智は欲しいものを手に入れた上に、それがどんなものかを他人に説明できるので、「非啞者」に喩えられます。ここでは、根本智よりも後得智の方がいっそう究竟した智である」と言われています。

十五、「無分別智」は無分別であるのに、何故、「智」であるか

『摂大乗論釈』（大正31-243a~b）では次のような偈を引用して、問題提起をしています。

「論曰。非此非非此　非智非非智　与境無差別　智名無分別」

「釈して曰く。此の智（無分別智）は依他性に縁って（それの対象）を境とはしない。何故か。此の智は分別（性）を以て境としないからである。故に「非此」と言う。また余の境に縁らない。何故か。（無分別）智は依他性の法如（法性）を境とするからである。法及び法如（法性）は「一か異か」と（差別して）説くべきではない。非清浄と清浄の境（という相違だけ）であるからである。通相（共通の相）と不通相（特定の相）となるからである。識を所縁としないのではないから、「非非此」と言う。」

「復、次に此の（無分別）智というものはまさに是、智とすべきか。当に非智となすべきか。もしそう（智か非智）であるならば、どんな妨げがあるか。もし智を（本）性とするならば、どうして分別しないのか。智は是れ分別を（本）性とするからである。もし智を（本）性としないならば、どうして（それを）「（無分別智）智」と称するのか。無分別には、智という（本）性はない故に、どうして無分別智となすと説くのか。」

アーラヤ識が滅して、無分別となった状態を一般に無分別智と呼んでいます。それは智ではないのに、なぜ「無分別智」と言われるのかということを論じています。

長尾先生の解説に依れば、「無分別智は、そもそも智というべきか、智ではないのか、すなわち智ならば無分別とは言えないし、智でないならば、何故に無分別智というかというジレンマを突く問いに対して、それは「智でもなく、また智でないのでもない」と逆説的に答えたものと解しています。（cf. 長尾『摂大乗論　和訳と注解』下 p. 175）

第二章　『無量寿経優波提舎願生偈註』(浄土論)

一、『浄土論』の修行者は法蔵菩薩である

『願生偈』の冒頭の「世尊我一心　帰命尽十方　無碍光如来」の「尽十方無碍光如来」と「法蔵菩薩」は全く無関係でしょうか。『浄土論』の著者、世親は法蔵菩薩を「尽十方無碍光如来」として、偈及び論を作成されています。

宗祖は『教行信証』「行巻」で次のように、菩薩説を展開しています。

「また曰わく、菩薩は四種の門に入りて自利の行成就したまえりと、知るべし、と。菩薩は第五門に出でて回向利益他の行成就したまえりと、知るべし。菩薩はかくのごとく五門の行を修して、自利利他して、速やかに阿耨多羅三藐三菩提を成就することを得たまえるがゆえに、と。」(『真宗聖典』p. 167)

ここでは、「四種の門」「第五門」「阿耨多羅三藐三菩提」等という言葉から、この菩薩は『浄土論』の修行者であることをうかがわせますが、そこでは、あえてその修行者を

「法蔵菩薩」とは述べていません。

しかし続けて、一方で、次のような『唯信鈔文意』の言葉に注目すべきです。

「仏性すなわち法性なり。法性すなわち法身なり。法身は、いろもなし、かたちもましまさず。しかれば、こころもおよばれず。ことばもたえたり。この一如よりかたちをあらわして、方便法身ともうす御すがたをしめして、法蔵比丘となのりたまいて、不可思議の大誓願をおこして、あらわれたまう御かたちをば、世親菩薩は、尽十方無碍光如来となづけたてまつりたまえり。この如来を報身ともうす。」（『真宗聖典』p. 554）

ここでは、宗祖は、明確に、世親が『願生偈』の「尽十方無碍光如来」を法蔵菩薩と同義であると解されていたと断言されています。

しかし一方、宗祖の「尊号真像銘文」には、別の解釈も示されています。

「「帰命尽十方無碍光如来」ともうすは、帰命は南無なり。また帰命ともうすは、如来の勅命にしたがうこころなり。尽十方無碍光如来ともうすは、すなわち阿弥陀如来なり。この如来は光明なり。尽十方というは、尽はつくすという、ことごとくという。十方世界をつくして、ことごとくみちたまえるなり。無碍というは、さわることなしとなり。さわることなしともうすは、衆生の煩悩悪業にさえられざるなり。光如来ともうすは、阿弥陀仏なり。」（『真宗聖典』p. 518）

「尽十方無碍光如来」をめぐる、法蔵菩薩説と阿弥陀仏説は、仏身論上、究極的には両者に根本的な相違はありません。

これについて、梶山雄一先生の次のような、お言葉は傾聴に値します。

「『浄土論』において世親が「本願」という語を阿弥陀仏（かつての法蔵菩薩）の本願の意味で用いているのであれば、他力本願の思想は法蔵菩薩に始まると言わねばならない。本願が法蔵菩薩の本願であるとすれば、五念門を修習する行者とは実は法蔵菩薩に他ならないことになり、出第五門で応化身となって生死の世界に還る浄土の菩薩とは阿弥陀仏という報身の化作した化仏ということになります。報身は法身なくしてはありえないから、阿弥陀仏とは法身が向下的に「完全なさとり」を開いたものです。」（cf.「梶山雄一著作集」『浄土の思想』p. 465）

因みに「出第五門」は次のように述べています。

「出第五門というは、大慈悲を以て一切苦悩の衆生を観察して、応化身を示して、生死の園、煩悩の林の中に廻入して、神通に遊戯し教化地に至る。本願力の回向をもっての故に、これを出第五門と名く。」（cf. 幡谷『浄土論註上下二巻対照表』p. 88）

この中、応化身とは、応身、受用身、変化身、化身とも言われます。

向下的とは、『摂大乗論釈』（大正 31-249c）で「自性身（法身）」がその仏身に住して、完全なさとりを開き、その仏身によって、究竟に達した菩薩たちとともに、集会を通じて、法の唱誦を享受する、そ（の仏身）は受用身と言われています。換言すれば、阿弥陀仏は法身が受用身（阿弥陀仏）となって、自利利他することを向下的と述べています。

長尾訳『中辺分別論』（cf. 長尾『大乗仏典』15 p. 313）でも、仏身、受用身、変化身の解説があります。そこでは、「（究極を）獲得した段階は、（諸々の仏陀の）法身である。（自他を）利益する段階とは、（仏陀の）受用身である。なすべきことを完遂する段階とは、変化身である。」と述べています。

『教行信証』「証巻」の初めに、次のように述べています。

「無上涅槃はすなわちこれ無為法身なり。無為法身はすなわちこれ実相なり。実相はすなわちこれ法性なり。法性はすなわちこれ真如なり。（中略）しかれば弥陀如来は如より来生して報・応・化種種の身を示し現わしたまうなり。」（『真宗聖典』p. 280）

と説かれています。

ここでは、宗祖は阿弥陀如来を単なる受用身として、「如より来生し、報、応、化の身を現したもの」と解釈されています。（従って尽十方無碍光如来である法蔵菩薩も受用身でなければなりません。瑜伽行派の伝統的な「菩薩論」の詳細は最終章の「菩薩像」を論ずる際に、詳説します。）

『摂大乗論釈』（cf. 大正 31–249c）では、おおよそ、次のように解釈されています。「受用身は、法身を依止としているが、それとは別に、たとえば阿弥陀仏が安楽国をもつように、菩薩もそこに集会を持ち、楽園の荘厳をそなえた聖域において法楽を享受している。」（大正 31–249c）

『浄土論』の修行者は、法蔵菩薩、阿弥陀仏（＝尽十方無碍光如来）のうちでは、仏身論上からは両者の根本的な相違点は見いだすことはできませんが、「修行者」という観点からは、法蔵菩薩を『浄土論』の修行者と認定するのが妥当ではありませんか。

『浄土論』は次のような言葉で論をむすんでいます。

「菩薩・如是修五念門行自利利他速得成就阿耨多羅三藐三菩提故」（幡谷編『浄土論註上下二巻対照表』p. 89）

曽我先生も次のように述べておられます。

「法蔵菩薩という方は、菩薩という因の位であるが、単なる因の位ではない。果上の法性よりして、衆生を助けまた摂し、そしてまた法性の義理というものを荘厳する。法界荘厳によって衆生を摂取し、衆生を助けようという願を成就せんがために、法界から法蔵菩薩という位にさがってくだされたのである」（曽我『教行信証「信の巻」聴記』p. 70f.）

さらに、このように、「我々、凡夫がこの穢土で、『浄土論』の五念門、五功徳門の「お得」を（法蔵菩薩より）念仏としていただくのである」と述べられています。

二、「一法句者謂清浄句」とは

『浄土論』には、次のようなキーワードが説かれています。

「一法句者謂・清浄句・清浄句者謂真実智慧無為法身故」（cf. 幡谷編『浄土論註上下二巻対照表』p. 75）

この中で重要なことは、「一法句」と「清浄句」とは全く別の概念であるということです。「一法句」とは「菩薩荘厳功徳」等の「句（pada）」である「依事」であるので、「法の句」、「法の依事」すなわち、「無分別後得智」を意味するのに対し、「清浄句」は、「法」すなわち、「無分別智」そのものを意味しています。従って、繋辞の「謂」は「である」を意味するのではありません。「謂」とは「について語る」、「（ある概念をはっきりかこみ区別して言う）という意味を表わす言葉」（『新漢語林』）です。従って、テーマ全体の意味は「一法句」とは「清浄句（無分別智）＝一法について述べるもの」または「～に基づいて成立するもの」という意味であります。

「一法句」を、「真如そのものまたは真如を意味するものの依事」と考察していたのは、山口博士の卓見ではなく、先達、理鋼院慧琳師の『浄土論註顕深義記伊蒿鈔』（『真宗大系』註疏部）にすでに見られます。

理鋼院師は次のように述べています。

「略して説けば「一法句に入る故に」について、上に国土荘厳功徳十七句、仏荘厳功徳八句、菩薩荘厳四句を「広」となし、一法句に入るを「略」となす。（中略）これは彼の国の菩薩の徳を歎（たたえ）て、すなわち広略の諸法が一如の形よりおこるのを知って、如如の境を理解する。如如の境、如如の智を名づけて一法となす。この一法句は能く一切の仏法を摂する。仏法は、すなわち、二種の法身、二種の清浄である。『大集経』十五に曰く。如句、法性句、涅槃句、乃至、これは一句に一切の仏法を総摂することを為す。所以は何か。かくの如き等の句は句ではないからである。一切の仏法は句ではなく、仮に名づけて句とする。法は文字ではない。文字は法を顕わす。今、一法の名を以て、一切を統摂して、一法句と名づける。もし此の法を開くならば、すなわち二十九句の無量荘厳である。広略を見るべきである。」（cf. 理鋼院『浄土論註顕深義記伊蒿鈔』p. 339ff.）

上述の文を補足して説明すれば、上の文中で「如如境、如如智……」について、ここで「境、智の二つ」を合わせて「一法」と名づけたのは、理鋼院師も述べておられるように、境、智の不二を説く、『摂大乗論釈』（大正31-249c）の「云何知此法依止法身。不離清浄及円智。即如如如如智故」という文に基づきます。

「いかにして、この法は「法身」に依止していることを知るのか。(この法は)清浄及び円智を離れていないから、すなわち(法身は)如如境、如如智であるからである」と説かれています。(この法＝一法句、法身＝一法)

理鋼院師の主張を整理すれば、次の二点にまとめることができます。

① 「広」とは国土荘厳功徳十七句、仏荘厳八句、菩薩荘厳四句、「略」とは一法句。

② 如如境・如如智・法身は「一法」であり、「一法句」は「一法」を離れず、一切の仏法を統括するもの。

このように、「一法」とは「出世間無分別智」を意味し、「句」は「依事」を意味するので、「一法句」は「一法の依事」すなわち「後得清浄世間智」を意味します。「清浄句」については「清浄句者謂真実智慧無為法身故」すなわち、「清浄句は真実智慧が無為法身である故に」、それ(清浄句)は「法性身＝根本無分別智」であるということについても述べています。

三、一法（法身、無分別智、清浄句）と一法句（受用身と変化身、後得清浄世間智）について

一法（法身、無分別智、清浄句）と一法句（受用身と変化身、後得清浄世間智）については、次のように述べられています。

『大乗荘厳経論』（IX–60, 61）では次のように説かれています。

「自性と受用とさらに別に変化身のあることは、実に諸仏の三身の区別である。しかし最初のもの（自性身）は（他の）二つの拠りどころである。」（IX–60）

「自性身は平等であり、微細であり、またそれと結びつくものであり、思いのままに（法の）享受を示現するに際しては、自在に享受することへの因であると考えられる。」（IX–61）（cf. 長尾『大乗荘厳経論』和訳と注解(1) pp. 246ff.）

右の偈文の中では、二つのことが言われています。

① 自性身は転依を特性とする法身であること。

② 右の「それと結びつくもの」とは法身が受用身等と結合すること。

すなわち法身が因となり、受用身等はそれから流れ出た結果であるから、受用身等の本

質は後得智であって、法身の無分別智にに基づいて起こったものであるということです。換言すれば、「アーラヤ識に存する所取と能取の垢が捨てられて、アーラヤ識それ自体が転依して法界の鏡のごとき智（鏡智）となった時に、法身と言われます。

鏡智はそのようにしてアーラヤ所依識の転依態であるので、このように、「法身」はアーラヤ識の転依態すなわち「根本無分別智」（鏡智）と言われ、「法身」はさらに受用身等の「後得清浄世間智」の「依止」でもあると述べられています。

換言すれば、「一法句者謂清浄句（無為法身＝法性身＝根本無分別智）とは、「一法」（清浄句、根本無分別智）の「句」（依止）は「後得清浄世間智」（一法句）であり、換言すれば、それはその「根本無分別智・自性身」に依止して、言わば、それから流れ出た結果として存在していることを意味します。

アーラヤ識の転依態である法身と、受用身と変化身との関連については、ラトナーカラシャーンティは次のように述べています。

「それ故に、諸仏世尊は、解脱身が声聞、縁覚とは無差別である（visisyante）。清浄な水晶に似た外観をもっているから、すべての点で、解脱身は無差別であるからである。それらの「法身」は殊勝である。そのように、完全に転依した解脱身は雑染を滅しているからである。正等覚者の、かの「法身」も仏の諸法の所依であるから、諸法の「法身」である。何故にそれらの所依であるか。無量の福徳と智慧と資糧と願力をもっているからである。「法身」はまさに殊勝であるから、受用（身）と変化（身）によって集められた、かの仏法は無量であるからである。たとえば、かの月と太陽と水晶と火晶とは、他の水晶、火晶の清浄さのみでは無差別であるが、（太陽は）非常に殊勝である。非常に高貴な方（仏世尊）は人々より守護されているから。そして衆生の業が増上したものであるからである。」（cf. PPU. p. 33）

ここでは、「法身」は「一法」に、「（菩薩の）受用身と変化身」は「一法句」に喩えられています。それは太陽（法身）の光によって、光り輝く月や、水晶等の宝石と同様に、受用身や変化身もそれ（法身）に基づいて働くことを示唆しています。

第三章　曽我先生の法藏菩薩＝阿摩羅識説に菩薩像を問う

曽我先生は晩年、『教行信証「信の巻」聴記』（p. 71）の中で、従来の「法蔵菩薩＝阿頼耶識」説から、「法蔵菩薩＝阿摩羅識」説へ変更されました。それは先生の唯識説への深いご見識が、前説の矛盾に気づかれて、その後、「阿頼耶識の転依態＝阿摩羅識＝無分別後得智＝応身としての菩薩説」へと進展させたものと確信します。法蔵菩薩を考える時、染汚識である阿頼耶識＝法蔵菩薩説は誤りであり、後述するように、法蔵菩薩＝阿摩羅識＝無分別後得智の方が正当であると確信します。

ここでは、まず、「阿摩羅識」という識について、旧訳の唯識関係の諸論書の所説を中心に、諸説を整理しつつ、曽我説を検証したい。

①　阿摩羅識は文字通り「無垢識」であり、真諦を祖とする摂論宗で阿頼耶識までの八識に加えて、それは第九識として立てられたが、後世の玄奘などの瑜伽行派では、妄識である阿頼耶識の有する清浄の面として、大円鏡智等と相応する浄位の第八識の別名として用いられています。

「大円鏡智」については、次のように述べられています。

「大円鏡智相応心品の「論」に曰く。「此心品離諸分別所縁行相微細難知、不忘不愚一切境相、性相清浄、離諸雑染純浄円徳現種依持、能現能生、身土智影無間無断窮未来際如大円鏡現象色像。」」（cf. 花田『唯識要義』p. 386ff.）

これら大円鏡智等は「後世の玄奘訳の瑜伽行派で妄識である阿頼耶識の有する清浄の面として、これらと相応する浄位の智の別名として用いられた」と述べられていますが、後世の瑜伽行派では、一般に、「大円鏡智」等は、阿頼耶識が転依した後の「無分別智」、「後得世間智」に属しています。これは阿頼耶識の浄位の別名とはいえ、「大円鏡智相応心品」「平等性智相応心品」「妙観察智相応心品」を見る限り、真諦訳も含めて、無分別智（円鏡智）、後得智（平等智・観察智）とは両者には、ほとんど大差はないように思われます。

② 一般に、真諦訳系の旧訳の論書の多くでは、「阿頼耶識は衆生の染汚の位の識であり、阿頼耶識が滅した後に、続いて阿摩羅識が現れる」と言われています。とりわけ、真諦を祖とする摂論宗では八識の上にさらに第九阿摩羅識を立てて、阿摩羅識は無垢識、真如識、真識と言われる浄識であって、この立場では第八阿頼耶識は妄識または真妄和合識と解釈されています。

③　しかし真諦自身は、『仏性論』巻第三（大正31-801c）では、心は「心者六識心、意者阿陀那識、識者阿梨耶識」の三者に分けていますが、それに加えて、さらに「阿摩羅識」という識をあえて追加して説いていません。

④　「真諦訳」系の論書には、多く、訳語としては「阿摩羅識」という語は用いられていますが、真諦自身の主張としては、第九識を主張していた証拠はありません。『摂大乗論釈』真諦訳でも、「阿摩羅識」の形跡を全く認めることはできません。『仏性論』巻第四（大正31-809b）の唯識観においては、阿梨耶識が滅しても、当然現れるべき「阿摩羅識」という言葉は全く使用されていません。それに代わって、「無分別智」「後得世間智」という後世の瑜伽行派の言葉の使用が見られます。（cf.『仏性論』〈大正31-803a〉）換言すれば、『仏性論』は真諦訳ではありますが、阿摩羅識という言葉の使用は見られません。

⑤　阿摩羅識という言葉は、一般に中国の真諦訳の諸本などに見いだされる語ですが、後世のインドのラトナーカラシャーンティなどのサンスクリット文献には見いだされません。それは中国語文献のみの、後世の瑜伽行派の「無分別智・無分別後得智」が現れるまでの、言わば繋ぎとして認められていました。

曽我先生は今回、『教行信証「信の巻」聴記』（p. 71）の中で、次のように旧説の主張を変更されています。

「法蔵菩薩という方は、果上の法性より衆生を助け摂し、衆生を助けようという願を成就せんがために、法界から法蔵菩薩という位に下がってくだされた、すなわち因位の菩薩に下がられた方である。だから菩薩であるけれども、阿頼耶識とは相違する。それ故に、法蔵菩薩は迷いの位の根本識である阿頼耶識ではなく、阿摩羅識でなければならない。従って「法蔵菩薩＝阿摩羅識」でなければならない。」と。

一、阿摩羅識（amalavijñāna）とは何か

阿摩羅識が用いられた摂論宗系の唯識の諸論書における用例の中で、とりわけ、阿頼耶識と阿摩羅識の関連を明らかに示す、いくつかの実例を通して、曽我先生の「法蔵菩薩＝阿摩羅識」説を想定します。

阿摩羅識とは、「正観唯識」において阿梨耶識が滅して後に、現れる浄識

摂論宗系の論書『十八空論』（大正31-864a）では、次のように唯識説を述べています。

「第三明唯識真実。弁一切諸法唯有浄識。無有能疑。亦無所疑。広釈如唯識論。但唯識義有両。」

【第三に唯識が真実であることを明かす。一切の諸法はただ浄識であることを明らかにする。疑いはない。亦、疑われることはない。「唯識論」の如く、ひろく釈す。但し唯識の義は両（ふたつ）ある。（一は方便（唯識）、二は正観唯識）】

「方便唯識」と「正観唯識」とは

「一者方便。謂先観唯有阿梨耶識。無余境界。現得境智両空。除妄識已尽。名為方便唯識也。」

【一に「方便（唯識）」。先ずはただ阿梨耶識のみがあり、余の境界は無なることを観ることを謂う。現に境と智は二つとも空であることを得て、妄識（阿梨耶識）を除いてすでに尽きている。名づけて「方便唯識」となす。】

「二者明正観唯識。遣蕩生死虚妄識心及以境界一皆浄尽。唯有阿摩羅清浄心也。」

【二に「正観唯識」を明かす。生死の虚妄の識心及び境界ともに遣蕩（払い除く）し、（識心と境界は）一つにして、皆、浄らかにして尽きる。ただ阿摩羅清浄心のみがある。】

ここでは唯識を一「方便唯識」と二「正観唯識」に分かち、前者は妄識である阿梨耶識を残し（境と智との）すべてが尽きた、阿梨耶識のみの唯識であること、後者はそれら虚妄の識心及び境界すべて（阿梨耶識）が尽き（無分別となり）、清浄なる阿摩羅識のみが残存する唯識説が述べられています。

さらに『三無性論』巻上（大正31-872a）でも「正観唯識」を「真の如如」という言葉を用いて解説しています。

「次以分別依他。遣此乱識。唯阿摩羅識是無顚倒。是無変異。是真如如也。前唯識義中亦応作此識説。先以唯一乱識遣於外境。次阿摩羅識遣於乱識故。究竟唯一浄識也。」

【次に分別依他（性）を以てこの乱識（阿頼耶識）を遣（払い除く）る。ただ阿摩羅識のみが無顚倒であり、無変異である。これは真の如如である。前の唯識の意味の中で、亦この識説を成すべきであった。先には唯一の乱識を以て外境を遣（払い除く）り、次に阿摩羅識が乱識を遣（払い除く）る故に、究竟には（阿摩羅識は）唯一の浄識である。】

ここでは最初は、分別性と依他性によって、一切法は阿頼耶識のみであるとして外境を排除し、次に一切法は阿摩羅識であるとして阿頼耶識を排除し、阿摩羅識のみの浄識の世界が顕現することが述べられています。

同様に、『決定蔵論』（大正30-1020b）には、

「断阿羅耶識即転凡夫性。捨凡夫法阿羅耶識滅。此識滅故一切煩悩滅。阿羅耶識対治故。称阿摩羅識。阿羅耶識是無常。是有漏法。阿摩羅識是常。是無漏法。得真如境道故証阿摩羅識。……現在世中一切煩悩悪因滅故。即凡夫陰滅。此身自在即便如化。」

【阿羅耶識を断って即ち凡夫性を転ずる。凡夫法を捨てて阿羅耶識は滅する故に、一切の煩悩は滅する。阿羅耶識の対治である故に、阿摩羅識と称す。阿羅耶識は是れ無常である。これは有漏法である。阿摩羅識は是れ常である。是れは無漏法である。真如の境道を得る故に。阿摩羅識を証する。……現在世の中の一切の煩悩の悪の因が滅する故に、この身は自在で即ち幻の如くである。】

二、阿摩羅識という言葉が消えて「幻師」という言葉が現れる

『決定蔵論』等では、阿摩羅識を証すると「この身は自在であり、すなわち、幻の如くである」と述べられていましたが、次の時代では阿摩羅識それ自体が消滅します。

『仏性論』巻第四には、次のような解説が見られます。（大正31-809b）

「経中仏以幻師為譬。迦葉。譬如幻師作諸幻像。所作虎等還食幻師。迦葉。如是観行比丘。随観一境。顕現唯空故。実無所有。虚無真実。云何能得離此二辺由依意識生唯識智。唯識智者。即無塵体智。是唯識智若成。即能還滅自本意識。何以故。以塵無体故。意識不生。意識不生故。唯識自滅故。意識如幻師。唯識智如幻虎。以意識能生唯識故。唯識観成。

還能滅於意識。何以故。由塵等無故。意識不生。譬如幻虎還食幻師。」

【経の中で、仏は幻師を以て譬喩とする。迦葉よ。譬えば幻師のように諸々の幻像を作る。作られた虎等は還って（反対に）幻師を食べる。迦葉よ。このような行為を観察した比丘は一境をそのままに観察する。（それは）顕現してもただの空無である故に、実は非存在であり、虚無であることは事実である。どのようにしてこの二辺（主と客）を離れて意識（阿陀那識）によって唯識智を生ずることを可能とするのであるか。唯識智とはすなわち塵（境）の実体のない智である。この唯識智が若し成立すれば、即ち自らの本の意識（阿陀那識）を還（反対に）滅する。何故か。塵（境）は無体である故に、意識（阿陀那識）は生じない。意識（阿陀那識）が生じないからである。唯識は自滅するからである。意識（阿陀那識）は幻師の如くである。唯識智は幻の虎の如くである。意識（阿陀那識）は能く唯識を生ずる故に、唯識観は成立する。還って（反対に）意識（阿陀那識）においては（それ自身は）能滅する。何故か。塵（境）等の無体なるを以ての故に、意識（阿陀那識）は生ぜず。譬えば、幻虎が還って（反対に）幻師を食う如くである。】

ここでは、唯識智をもたらした「阿陀那識」が滅して、存在しないことを述べています。それは形式的には、上述の『三無性論』等によれば、元来は、阿頼耶識が滅して、その後に阿摩羅識の存在を示唆するものにほかなりません。たとえば、上述の『三無性論』では、

「分別」「依他」によって妄識である阿頼耶識を排除する、換言すれば（境と智との）すべてが尽き、阿頼耶識が排除されて、それら虚妄の識心及び境界すべてが尽きた後の阿摩羅識のみの「唯識説の存在」を想定させる内容です。ただし、この『仏性論』巻第四では、「阿摩羅識」という言葉は全く使用されていません。この論自体は後述するように、その全体から、「阿摩羅識」という言葉が完全に消えています。次の時代の、「無分別智」「無分別後得智」という智が現れる過渡期に成立したものと想定されます。

（註）右の文中の「意識」を阿陀那識と解した根拠については、意と識との同義性に基づきます。それ故に意識を阿陀那識と解します。

『仏性論』巻第三の文中（大正 31-801c）では、次のように説かれています。

「釈曰。心者即六識心。意者阿陀那識。識者阿梨耶識。」

この中で、「意」とは阿陀那識を意味しています。阿陀那識それ自体は、所謂、阿頼耶識とほぼ同義とされています。

浄影寺慧遠の『大乗義章』によれば、その八識義章に十門分別を設けて、阿陀那識の解説をしています。（cf. 花田『唯識要義』pp. 16ff.）

「無解識・無明識・業識・転識・現識・智識・相続識・妄識・執識」

花田凌雲氏は「これ第七識の釈であるが、玄奘訳では第七を末那と名付けるが、旧訳では阿陀那と名付けてある。」と述べています。

このように、阿陀那識は、ここでは阿頼耶識と同義に用いられています。

たとえば、『摂大乗論釈』（大正31-157b）には、次のように述べられています。

「論曰。阿含云如解節経（解深密経）所説偈」

「執持識深細　法種子恒流　於凡我不説　彼勿為我」

「釈して曰く。……（広慧）。此の識は或は名づけて阿陀那識と名づく。何故か、この本識は能く身を執持するからである。あるいは説いて阿梨耶識と名づく。何故か。この識は身において、常に蔵隠し同じく成壊するからである。」

『仏性論』では、すでに「阿摩羅識」という識はなく、次の「無分別智」、「後得世間智」の時代に移行しています。

換言すれば、ここでは『十八空論』等の旧訳の「正観唯識」におけるように、唯識観の成立により阿頼耶識が滅しても、阿摩羅識は現れません。むしろ、それに代わって、①「無分別智」、②「無分別後智」という後世の瑜伽行派の用語が別の個所で使用が見られます。

『仏性論』巻第三では、次のように述べられています。

「一切生死果報。依阿梨耶識為本故。以未離此識果報不断。於法身中。由両道故。二世滅尽故説抜除。言両道者。」

「一無分別智。能除抜現在虚妄。能清浄法身。即名尽智。」

「二無分別後智。能令未来虚妄永不得起。円満法身。即無生智。抜者清浄。滅現在惑。除者円満。断未来惑。故名抜除。」（大正31-803a）

換言すれば、①唯識観の発展と共に、阿梨耶識（阿頼耶識）が滅して、一切の生死の果報が尽きて、無分別となるが、②そこには阿摩羅識は生ぜず、虚妄が尽き、無分別智、無分別後得智、法身が円満すると述べています。

三、「幻師」という言葉は『摂大乗論』に引き継がれる

阿摩羅識の修行者は『仏性論』巻第四や『決定蔵論』では、「その身体は化の如く」とか、「幻師のような」という比喩が用いられていますが、それらは後世、「菩薩を幻師」として、「無分別後得智」を例として解説に用いられています。

後世の『摂大乗論釈』（大正31-297b）では次のように述べられています。

「論曰。復次彼後得智。於阿梨耶識所生一切識性相中。由見如幻等故。自然不復顛倒。

是故猶如幻師於幻事中。菩薩於諸相中設説因果。一切時亦得無倒。」

【論じて曰く。また次に後得智は、阿梨耶識において生じられた一切の識の性相の中において、幻等の如きものを見る故に、（それは）自然でまた、顚倒はない。この故になお「幻師」が幻事中におけるように、菩薩は諸相中において、因果を設説する。一切時に亦、顚倒無きことを得る。】

「釈曰。若無分別智滅障礙出生仏法者。此後得智復何所用。無分別智不能説彼因果法。何以故。無分別故。是故須後得智。説彼因果法。一切時不顚倒。如幻師於所幻事。阿梨耶識一切所生者。此等皆以阿梨耶識為因。一切識性相中者。謂以識性為因故。如所幻事。後得智於中不顚倒説亦不倒」

【釈して曰く。（菩薩が）もし無分別智が障礙を滅し仏法を出生するならば、この後得智はまた何の所用があるか。無分別智は彼の因果の法を説くことはできない。何故であるか。（それは）無分別である故に。この故に後得智はすべからくかの因果の法を説く。一切時に不顚倒である。幻師が（幻によって）生み出された事柄におけるように、阿梨耶識によって生じられたもの、これら一切のものは、皆、阿梨耶識をもって因とする。一切の識の性相の中のものは、識性をもって因とする故に、所幻（幻によって現された）事（物）の如くである。後得智は中において不顚倒であり、また不（顚）倒と説く。】

四、菩薩は因果の相を、幻師の如く了別する

さらに、『摂大乗論釈』（大正31-207b）では次のように「幻喩」を述べています。

「論曰。由観似幻化等譬。自性無顛倒」

「釈曰。菩薩以無分別後智。観此因果相。自然無顛倒。不執有外塵内根唯識是実有法。何以故。菩薩已了別此等法似幻化等譬故。不可依見聞覚知相判諸法為実有。何以故。此心是清浄本所流故。」

【釈して曰く。菩薩は無分別後得智をもって、この因果の相を観察し、自然で顛倒はない。外の境と内の感官は実有であると執着せず、唯識こそが実有の法である。何故か。菩薩はすでにこれらの法は幻化等の譬に似ていることをすでに了別しているからである。見聞覚知した相（外見）によって、諸法は実有とすべきではない。何故か。この心は清浄の本所（清浄句＝無分別智）からの流れ（分別後得智）であるからである。】

これに続く「論曰。由此義故。菩薩如幻師於一切幻事自了無（顚）倒。」については、長尾先生は次のように解説しています。（大正31-207b）

「したがって、幻術で幻影のようにみせた物事に、幻術師（には迷妄顚倒もないの）と

同様に、（この後得智をそなえた）かの菩薩には、原因とか結果とか（の概念）を伴って説くような場合にも、あらゆる場合に顛倒はないのである。」（cf. 長尾著『摂大乗論　和訳と注解』p. 62）

このように、菩薩は幻術師等に喩えられているように、菩薩自身は無分別後得智そのものとして働きます。換言すれば、菩薩は、転依して、無分別後得智として働きます。

五、菩薩は無分別後得智・幻術師・受用身（仏身）である

「凡夫」という人間存在はすべて阿頼耶識の働きに基づいて成立しています。阿頼耶識が滅して転依した後に、位置づけられる解脱身である「菩薩という存在」は阿頼耶識に基づいて成立しません。それは転依後、阿頼耶識が滅して、無分別智から無分別後得智に基づかない限り、それ自身、菩薩として成立することは不可能です。「菩薩」という存在は無分別後得智の働きに基づいています。そのことは、菩薩は幻化等の行為者であります。『摂大乗論釈』（大正 31-249b）には、仏の三身に関連して、次のように説かれています。

「論曰。由仏三身、応知智差別」

【論じて曰く。仏の三身によって、智の差別を知るべきである。】

「釈曰。智差別是菩薩解脱知見。即菩提道究竟果。……菩薩解脱知見中有三身差別。……菩薩具此二義故有三身。」

【釈して曰く。智の差別はこれ菩薩の解脱知見、即ち菩提道の究竟の結果である。……菩薩の「解脱知見」の中には、三身の差別がある。……菩薩はこの二義（一切智と大慈悲）を具する故に、三身（自性身、受用身、変化身）を有する。】

上述したように、菩薩は、阿頼耶識が転依した無分別後得清浄世間智である受用身です。受用身は法身（無分別智）に基づいて成立しています。従って「菩薩＝無分別後得智」は、『願生偈』の中で、世親自身に、「世尊よ、我（世親）は尽十方無碍光如来（法蔵菩薩）に帰命し、安楽国（浄土）生まれんことを願っております。」と述べさせています。

『摂大乗論釈』（大正31-192c）は次のように述べさせています。

「釈曰。譬如無実変化塵。随変化者所作。一切所作事皆成所化塵。非不顕現。菩薩受生亦爾。実無六道受生身。作利益一切衆生事及受生身亦顕現。」

【釈して曰く。実在しない変化（へんげ）の塵（境）が、変化者（幻術師）の所作（行為）に随って、一切の所作の事（できごと）が皆、所化の（変化された）塵（境）となり、顕現しないのではないように、菩薩の受生もまた同様である。実際には六道に受生する身無くても一切衆生を利益する行為をなすこと及び受用身も亦顕現する。】

等々に見られるように、曽我先生の「法蔵菩薩＝受用身＝阿摩羅識説」は、無分別後得智が受用身＝法蔵菩薩として顕現しています。

第四章　唯識より浄土教の菩薩像を問う

一、「往相廻向」「還相廻向」について改めて問う

近年、『浄土論』に基づく「二種廻向」について、一部の論者によって、極めて奔放な解釈がまかり通っています。そしてそれが伝統的な理解を駆逐し、「廻向」それ自身の意義の根幹が見失われつつあるのを危惧します。

ここで、もう一度、本筋に立ち返って、「二種廻向」とそこに現れる菩薩像について、その意義と本質について、次節以下に、再検討を試みつつ、反論を試みました。

二、金剛法座の釈尊に「往相、還相」論は可能であるか

最近、畏友、小川一乗氏は『親鸞の成仏道』という書籍において、従来の常識を覆すような、新しい二種廻向論を展開しています。それは世親の『浄土論』を離れた、独創的な

解釈と言わざるを得ません。それは親鸞聖人の二種廻向に、所謂「釈尊における往相と還相」というものを導入した、従来の聖典の解釈とは大きく相違した解釈を展開しています。

要約すれば、次の通りです。

（一）「親鸞によって、「廻向」は「往相」と「還相」という二種の回向に限定されているとすれば、釈尊においては生・老・病・死に苦悩する苦行者ゴータマ・シッダールタが、苦行を捨てて「覚り」を成し遂げ、智慧を獲得した仏となったことを往相という。～そして、目覚めた仏となった釈尊は、自らの智慧を如来となって説法して、私たちにその智慧が慈悲となって展開されることを還相という。これは「覚りから迷いへ」と「振り向ける」廻向であるから、還相廻向である。」（cf. 小川『親鸞の成仏道』p. 163f.）

と。換言すれば、

「釈尊が迷いに目覚めて仏となったという方向性、すなわち、迷いから覚りへの方向性が内容転換の廻向としての往相廻向である。それに対して、「仏となった」釈尊が説法するために覚りの世界（如）から迷いの世界に来生する「如来となった」という方向性、すなわち覚りから迷いへの方向性が方向転換としての還相廻向である。」と。（cf. ibid. p. 164）

（二）さらに、従来の阿弥陀仏の二廻向について、

「これは、法蔵菩薩が阿弥陀仏となることが往相廻向であり、阿弥陀仏となった功徳を

衆生（悪人）に廻向して成仏せしめるのが還相廻向であるのと同じである。」と。（cf. 小川 ibid. p. 164.）

彼はこの教証として『教行信証』の「証巻」の、

「しかれば弥陀如来は如より来生して、報・応・化種種の身を示し現わしたまうなり。」（『真宗聖典』p. 280）

を引用しています。

これは、右の彼の往相廻向、還相廻向の教証としては正当でしょうか。

これは「弥陀如来は応身仏として、如すなわち法身に依止して現れている」という、単なる仏身論が示されているだけではありませんか。（大正 31-249c）

さらに彼は、次のようにも述べています。

「あくまでも、二種の本願力回向は、私たち衆生に対して同時的にはたらきでた如来の二種回向であり、それは仏から如来となった釈尊と、釈尊の化身・化現としての菩薩たち、「無量寿経」においては阿弥陀仏となった法蔵菩薩においてしか在り得ないのである。」（cf. 小川 ibid. p. 168）と。

ここでは、次のような、不可解な「仏教学」の言葉の使用が見られます。

① 「仏から如来となった釈尊」とは何でしょうか。（仏は如来の十号の一つであるので、

仏＝如来ではありませんか？）

② さらに、「釈尊の化身・化現としての菩薩たち」とは何のことでしょうか。またそのような菩薩たちとは、どのような名前の菩薩たちとして、どの様な経典のどのような箇所に現れているのでしょうか。（まさか、釈尊の化身としての菩薩たちとは、あの法蔵菩薩に加えて、普賢菩薩なども含むのでしょうか。また、釈尊の化身・化現とは何でしょうか。）

彼が主張する釈尊の往相、還相説は、瑜伽行派では、往相、還相という言葉を用いないで、無分別智から後得智への過程で解説することができます。

釈尊の「金剛座での沈黙」から説法伝道の開始に至る次第は、瑜伽行派によれば、「無分別智から無分別後得智」の獲得に至るまでのタイム・ラグと考えられます。換言すれば、無分別智によって、諸法の因果を正しく説いても、この智は無分別であるので、効能はなく「沈黙の立場」に立たざるを得ません。

このような「無分別智」を経由して「釈尊の伝道、説法」を可能にしたのは、これに続く「無分別後得智」の獲得によるものです。

『摂大乗論釈』では次のような比喩を用いて説かれています。

「釈曰。譬如唖人求覓諸塵不能説塵。加行無分別亦爾。在方便道中尋思真如。而不能説。

譬如瘂人正受諸塵。雖已得塵不能説塵。根本無分別亦爾。正在真如観。如所証見亦不能説。譬如非瘂人正受諸塵。又能説塵後得智亦爾。如其所見能立正教。為他解説。」（大正31-242a）

上田義文先生は次のように解説しています。

「根本無分別智は出世間智であるので、それにおいて所縁と能縁とが二つに分かれていない。これを所縁能縁との平等な智と言う。この智は実有の境を見るが、この智は無分別なので、自分の見るところを言葉に表現することができない。この智が世間に出ると有分別となり、能縁と所縁とが二つに分かれて働くので、自分の見たところを言葉に表現することができるのである。それで根本（無分別）智は自分の欲しいものを手に入れることができても、それがどんなものであるかを他人に説明することのできない瘂者に喩えられ、後得智は欲しいものを手に入れた上に、それがどんなものか他人に説明することができるので、非瘂者にたとえられる。この譬によって、根本（無分別）智は世間にでて、有分別となっても、根本智の時に、見た境（真如）を同じように見ていることがわかる。そこで根本智よりも後得智の方が一層究竟した智であると言われる。」（cf. 上田『『梵文唯識三十頌』の解明』p. 84）

換言すれば、このような無分別智から後得智までのタイム・ラグについて、仏伝では

「梵天勧請」という物語が挿入されましたが、小川氏が主張するように、その間に釈尊は「仏から如来へ」と深化されたのではありません。（仏は如来の十号の一つであるので、仏＝如来であります。）

釈尊は無分別智を得た段階で、すでに仏・如来となられていました。また説法伝道を開始された段階で、始めて濁世に向かわれたのではなく、成道前から濁世に既に在世されておられたので、釈尊の説法の時期を以て初めて「還相に向かわれた」、と主張することには無理がありませんか。

従って、釈尊に関する限り、釈尊が人々を救済するために、迷いに目覚めて仏となったという方向性が「往相廻向」であり、仏となった釈尊が人々を救済すること、すなわち説法するために、覚りの世界から濁世に来生することが「還相廻向」であるなどと主張することはできるでしょうか。

仮にこのように、「迷いから覚りへという仏」と「覚りから迷いへという如来」には方向の相違があり、この二つの方向性（二種の回向）を備えているのが、智慧から慈悲へという仏道体系の基本であるとしても、「迷いから覚りへの仏は智慧を表し、覚りから迷いへの如来（＝仏）は慈悲を表している」（cf. 小川 ibid. p. 165）という小川氏の主張は、果たして次のような通俗的な比喩と大差はあるでしょうか。

即ち、病気に苦しんでいる人々を救済しようとして、一生懸命に努力して医師となるために医学を学ぶことが往相廻向（智慧）であり、勉学の結果、医師となって、病に苦しんでいる人々を病気から救済する活動をすることも還相廻向（慈悲）とはなりませんか。

三、『浄土論註』の還相廻向に対する小川説批判

還相廻向した菩薩は次の往相廻向において「自らの成仏」を求めるでしょうか？

小川氏は『同書』一八二頁において、『浄土論註』の「還相廻向」に立ち戻って、真宗の「還相廻向」について論じています。

前に、引用した「出第五門」の『論註』に対して、彼は次のような解釈をされています。

まず、『論註』の本文は次の通りです。

「『論註』に曰わく、「還相」とは、かの土に生じ已りて、奢摩他・毘婆舎那・方便力成就することを得て、生死の稠林に回入して、一切衆生を教化して、共に仏道に向かえしむるなり。もしは往、もしは還、みな衆生を抜いて、生死海を渡せんがためなり。このゆえに「回向を首として、大悲心を成就することを得たまえるがゆえに」と言えりと。」（『真宗聖典』p. 285）

これに対して、小川氏は次のような解釈をされています。

「一切苦悩の衆生を大慈悲を以て観察する教化地に至って還相回向に回入した菩薩は、「仏に成りたいと願うすべての人が仏になる」という衆生の往相回向のために、それと同時的に菩薩自身も仏になるために、衆生と共に浄土に往生するという自らの往相廻向も、その誓願には含まれている。すなわち、『浄土論註』において「ともに彼の阿弥陀如来の安楽浄土に往生せしめん」という往相廻向である。」と。（cf. 小川 ibid. p. 182）

この『論註』の解釈には、次のような問題点が存在します。

彼の解釈の中で、「往相廻向」という言葉に、「還相廻向に廻入した菩薩自身も仏となるために衆生と共に浄土に往生する」という「自らの往相廻向」もその誓願に含まれている」と述べていることとです。菩薩は「還相廻向」して教化地に至った段階で、すでに仏身となっているのではありませんか。

四、菩薩はすでに受用身（仏身）である

ここでは、菩薩は「受用身であるということ」に留意すべきです。すなわち、「受用身であるということ」は、菩薩自身はすでに「仏身であること」を意味しています。従って、

菩薩はすでに「仏身」である故に、上述のように、「仏になるために、さらに浄土に往生する」必要はありません。

『摂大乗論釈』真諦訳（cf. 大正 31-249c~250a）に「菩薩」について、次のように述べています。

「論曰。受用身者諸仏種々土。及大人集輪依止顕現。」

【論じて曰く。受用身とは、諸仏の種々の国土および大人（菩薩衆）の集会（集輪）の依止（支え）として（法身の）顕わにされたものである。】

「釈曰。土有衆宝差別。不可数量故称種々。此無量宝土。依仏応身得成。諸菩薩名大人集。是菩薩衆親近善友。正聞正思正修等是輪体。如聖王金輪能従此至彼。未得令得。已得令不失。能上下平行此是輪用。菩薩亦爾。若離応身則二事不成。故此二事以応身為依止。由能依止成故所依止顕現」

【釈して曰く。（仏）土には衆宝の差別はあるが、数量することはできないので、「種々の」という。この無量の宝土は仏の応身によって得られる。諸菩薩を「大人の集（偉大な人物の集り）」と名づく。この菩薩衆は善友に親近する。正聞、正思、正修（意言分別）等をすることが（菩薩衆の集りの決まり）（体）である。（転輪）聖王の金輪のように此れより彼方に至る（帰服させる）。菩薩もまたその通りである。「未だ得ざるものを得しめること」、「すでに得たものを失わざらしめること」。上と下（二つのこと）を能くする此のことは集りのなすべき事柄（用）である。菩薩もまたそうである。もし（菩薩が）応身を離れるならば、すなわち（上の）二つの事は成立しない。故にこの二つの事は応身をもって依止とする。能く依止することによって成立する故に、（法身に）依止されて顕現する。】

さらに、『摂大乗論釈』無性菩薩造（cf. 大正31-435c~436a）においても次のように述べられています。

「論曰。……受用身者。謂依法身種々諸仏衆会所顕。清浄仏土大乗法楽為所受故。」（大正31-435c）

【論じて曰く。……受用身とは、曰く。法身によって、種々の諸仏の衆会が顕わされ、清浄な仏土の大乗法楽が受けられる為の故に。】

「釈曰。……受用身中依法身者。由有彼故而得有此。種々諸仏衆会所顕者。謂有仏土諸大菩薩衆所雲集。由此了知故名所顕。即是西方極楽土等。清浄仏土大乗法楽為所受故者。謂於清浄仏国土中。受用種々大乗法楽。了解義故。或於清浄仏国土中。受用種々金銀等宝。諸仏菩薩展転受用妙色身等。及受経等種種法義。……由此妙智増上力故能令安住不可思議解脱。已入大地諸大菩薩。清浄仏土大乗法楽。相現智生。」（大正31-435c~436a）

【釈して曰く。受用身中で「法身に依って」とは、彼（法身）がある故に此れ（受用身）は有ることを得る。「種々の諸仏の衆会が顕わされる（所顕）」とは、仏土が有って諸々の大菩薩衆が雲のように集まること（雲集）と謂う。この了知による故に、「顕わされる」と名付けられる。則ちこれは西方極楽土等である。「清浄仏土の大乗法楽が受けられる故に」とは、清浄仏国土中において種々の大乗法楽を受用する。義を了解するからである。或は清浄仏国土中において、種々の金銀等の宝を受用する。諸仏菩薩は展転に妙なる色身等を受用すること及び経等の種々の法義をうける。～この妙智の増上力によるが故に、能く不可思議な解脱に（自らを）安住せしめる。已に大地に入った諸々の大菩薩には、清浄仏土の大乗法楽の相が現れ智が生ずる。】

長尾先生も次のように和訳しています。

「受用身というのは、諸仏の種々の（説法の）集会において顕わとなる（仏身の）ことであり、法身が基盤となっている。」（cf. 長尾著『摂大乗論』和訳と注解　下 p. 314ff.）と述べています。

さらに、「受用身」は、「種々の説法の集会において顕わとなる仏身」すなわち仏智であり、それが「受用」と称せられるのは、「仏陀の国土と大乗の法楽を享受するからである」と。（cf. 長尾　ibid. p. 317）

上述したように、菩薩は「受用身」であり、すでに仏身であるのに、何故さらに仏を目指す必要はあるのでしょうか。

仏身論上では、「法蔵菩薩＝尽十方無碍光如来（阿弥陀仏）」については、宗祖も『唯信鈔文意』に次のように述べられています。

「「涅槃」をば、滅度という、無為という、（中略）法身という、法性という、真如という、一如という、仏性という、仏性すなわち如来なり。この如来、微塵世界にみちみちたまえり、すなわち、一切群生海の心なり。この心に誓願を信楽するがゆえに、この信心すなわち仏性なり。仏性すなわち法性なり。法性すなわち法身なり。法身は、いろもなし、かたちもましまさず。しかれば、こころもおよばれず。ことばもたえたり。この一如よりかたちをあらわして、方便法身ともうす御すがたを示して、法蔵比丘となのりたまいて、不可思議の大誓願をおこして、あらわれたもう（法蔵菩薩の）御かたち（姿）をば、世親菩薩は、尽十方無碍光如来となづけたてまつりたまえり。この如来を報身（＝受用身）ともうす。（中略）報ともうすは、たねにむくいたるなり。この報身より、応化等の無量無数の身をあらわして、」（『真宗聖典』p. 554）

五、「巧方便廻向」について小川説を批評する

——菩薩は衆生に先がけてすでに成仏している

小川氏は、その著書『親鸞の成仏道』（cf. 小川 ibid. p. 182）の中で、曇鸞の『論註』の「巧方便」の一部を意図的に改変して、次のような「衆生の救済・成仏」の意味を解説しています。

「おおよそ回向の名義を釈せば、謂わく己が所集の一切の功徳を以て一切衆生に施与して、共に仏道に向かえしめたまうなりと。巧方便は、菩薩願ずらく、「己が智慧の火をもって、一切衆生の煩悩の草木をやかんと。もし一衆生として成仏せざることあらば、我仏に作らじ」と。～（この間、中略～本文の重要な個所が削除されている）～この中に方便と言うは、謂わく作願して一切衆生を摂取して、共に同じくかの安楽仏国に生ぜしむ。かの仏国は、すなわちこれ畢竟成仏の道路、無上の方便なり。」（『真宗聖典』p. 293）

この『論註』からの彼の引用はかなり恣意的な内容であって、彼の意図する、次のような主張を立証するために改変されたものにほかなりません。

彼の主張は次のようなものです。

「一切苦悩の衆生を大慈悲をもって観察する教化地に至って還相廻向に廻入した菩薩は、「仏になりたいと願うすべての人が仏になる」という衆生の往相廻向のために、それと同時に菩薩自身も仏になるために、衆生と共に浄土に往生するという自らの往相廻向も、その誓願には含まれている。すなわち、『浄土論註』において「共に彼の阿弥陀如来の安楽浄土に往生せしめん」という往相廻向である。この「共に」とは、「衆生と共に」ということである。」と。(cf. 小川 ibid. p. 182)

しかし彼は、このような主張の根拠とするために、「この中に方便と言うは」までの間、以下において、非常に重要な箇所を意図的に削除しています。

彼の主張の要点は、「共に」生死に生きる者として、菩薩は衆生に「共なっている」のである。菩薩は衆生と共に「共なう者」であり、衆生は「共なう者」ではなく、あくまでも菩薩に「共なわれる者」である。すべての衆生は菩薩に共なわれて仏道にたつのである。これが「生死すなわち涅槃」(何故か?)という仏道の地平である。この「共に」に立って、「すべての人を仏にならしめる」という誓願を成就した菩薩は、仏となって還相廻向に廻入して、「一切衆生を教化して、共に仏道に向かえしむるのである。」と。(cf. 小川 ibid. p. 183)

ここまでの彼の主張は至極、曖昧な内容ですが、これに続く彼の主張は論理的に破綻した、お粗末な内容です。

「このようにして、①法蔵菩薩はその誓願が成就したことによって、衆生と共に往相廻向して阿弥陀仏となり、②それが阿弥陀仏の本願を説く菩薩となって還相廻向して、③さらに一切衆生を教化して往相廻向に向かわしめるという菩薩における二種の廻向が、ここには説明されている。主語も述語も菩薩であり（?）、二種廻向の主体はあくまでも菩薩である。」（cf. ibid. p. 183）

（ここでは、法蔵菩薩は誓願を成就されてから、阿弥陀仏となられたのか、それとも衆生と共に往相廻向されて阿弥陀仏となられたのでしょうか。）

小川氏の引用した『浄土論註』の「巧方便」以下は非常に重要な部分が削除されています。削除されていない、全文の内容は以下の通りです。

「而（しかる）に衆生未だことごとく成仏せざるに、菩薩すでに自ら成仏せんは、譬えば「巧方便」といふは菩薩願ずらく。「己れが智慧の火をもて一切衆生の煩悩の草木を焼かむと。もし一衆生として成仏せざることあらば、我れ仏にならじ」と。しかるに衆生いまだことごとく成仏せざるに、菩薩すでにみづから成仏せんは、譬えば火擿して（火箸を使って）、一切の草木をつんで焼き尽くさしめんと欲するに、草木未だ尽きざるに、火擿

（火箸）すでに尽きんがごとし。その身を後にして、身を先にするをもっての故に、「方便」と名づく。この中に「方便」といふは、謂はく作願して一切衆生を摂取して、共に同じくかの安楽仏国に生ぜしむ。かの仏国は、すなわちこれ、畢竟成仏の道路、無上の方便なり。」（幡谷『浄土論註上下二巻対照表』p. 79ff.『真宗聖典』p. 293）

側線部の意味は「しかし衆生が悉く成仏していないのに、菩薩自らが既に成仏している」のは（どうしてでしょうか）。（それは）譬えていえば、火箸を使って草木を積んで焼き尽くそうとしても火箸がすでに焼き尽くされたような状態なのです。その衆生の身を後にして、菩薩の身の成仏を先にするのをここでは「方便」と名づけています。ここで「方便」というのは、言わば、菩薩はまず先に「作願して」、（願を起こして仏となった）後に、一切衆生を摂取して、共に同じかの安楽仏国に生ぜしむ」のであって、かの仏国は、すなわち畢竟（つまるところ）成仏の道路、無上の方便であります。」と述べています。

『浄土論』では「巧方便善巧廻向」について次のように述べています。

「何者か、菩薩の巧方便廻向というのは。菩薩の巧方便廻向というは謂く説礼拝等の五種の修行をして集めるところの一切の功徳善根をして自身の住持の楽を求めず一切衆生の苦を抜かんと欲うが故に、一切衆生を摂取して、共に同じく彼の安楽仏国に生ぜんと作願する。これを菩薩の巧方便廻向成就と名づく等。」（cf. 幡谷『浄土論註上下二巻対照表』p. 79）

六、「善巧摂化」と十波羅蜜

右の「善巧摂化」を論ずる際、絶対に忘れていけないのは、それが唯識思想とそこに展開される十波羅蜜の菩薩思想に基づくものであるということです。そしてそれは菩薩道と不可分の関係にある瑜伽行派の「無分別智」「無分別後得智」ともかたく結合していることです。

（一）無分別智は般若波羅蜜（六波羅蜜）である

まず、『摂大乗論釈』（大正31-245a）には次のように述べています。

「論曰。此無分別智即是般若波羅蜜。名異義同」
【論じて曰く。此の無分別智は即ち是れ般若波羅蜜である。（それらは）名称は異なるが義（意味）は同じである。】

と言われています。

「釈曰。不以名不同為異。以義同為一。以一故言即是。若名異義云何同。如来立法約自性義摂諸法為同。不以名摂為同。何以故。名於諸方不同。義於諸方則同。名是仮立。為目此義故。不依名成。云何知義是同。」

【釈して曰く。名称は（意味と）不同なるを以て「異なる」とはしない。義（意味）は（名称と）同一なるをもって「同一」とする。「同一」なるをもっての故に、「即是（無分別智＝般若波羅蜜）」と言う。もし名称が（意味と）異なるならば、どうして「同じ」であるか。如来は法を立てて、自性の義を要約して、諸法を結合して「同じ」とされた。何故か。「（両者の）名称」は諸方面において不同であり、「（両者の）意味」は諸方面において即ち同一であるからです。「名称」は仮説である。（「名称」は）この「（仮説という意味」に基づくから、したがって「不同」である。「（両者の）意味」は確定性を有するので、「（両者の）意味」は同じである。……行は「意味」によって成立する。「名称」によって成立しない。どのようにして（無分別智と般若波羅蜜）の意味が同じであると知るのであるか。】

これは、それに先立つ註釈に注目しなければなりません。

「釈曰。若菩薩在無分別智観中。一切義或内或外或内外不復顕現。是故応知諸塵皆実非有。若無外塵則無内識。何以故。所識既不有。能識云何有。此義実爾。所識非有故能識亦非有。応知勝相中已具顕此義。此智与般若波羅蜜。為一為異。」（『摂大乗論釈』〈大正31-245a〉）

【釈して曰く。若し菩薩が無分別観中にあるならば、一切の義（境）はあるいは内、あるいは外、あるいは内外にまた顕現しない。この故に諸々の塵（境）は皆実に有ではないと知るべきである。若し外の塵（境）は無ければ、内の識はない。何故か。所識は既に有ではない。能識はどうして有であるか。この意味はこの通りである。所識は非有である故に、能識も亦非有である。「応知勝相（品）」の中で、すでにこの意味を明らかにした。此の智は般若波羅蜜と一となり異となる。】

要約すれば、もし菩薩は無分別観中にあるならば、内外のすべての境は顕現しません。所識がなければ、能識も非存在です。したがって此の智（無分別智）は般若波羅蜜と「一つであり、異なるものである」と言われています。それ故に両者は名称は異なるが、意味は同じであるので、「一つとなり異なるものとなる」と言われています。

（二）般若波羅蜜に続く四波羅蜜は後得世間智である

さらに、続けて無分別智すなわち「般若波羅蜜」はそれに続く、四波羅蜜を含む十波羅蜜（六波羅蜜＋四波羅蜜）を勧めています。

「論曰。如経言。若菩薩住般若波羅蜜。由非処修行。能円満修習所余波羅蜜。」

【論じて曰く。経の言葉のように、もし菩薩は般若波羅蜜に住するならば、非処の（五処を離れた）修行によって、能く所余の波羅蜜を能く円満し修習する。】

「釈曰。欲成就無分別智。与般若波羅蜜不異故。引般若波羅蜜為証。菩薩修般若波羅蜜。無退失故名住。又菩薩欲修余波羅蜜。先修般若波羅蜜為方便。余波羅蜜住般若波羅蜜中成。故言住。菩薩住般若波羅蜜中。離五処修行余波羅蜜。於一一波羅蜜中経若干時修習。令得成就故称円満」（cf.『摂大乗論釈』〈大正 31-245aff.〉）

【釈して曰く。無分別智を成就することを欲する。（無分別智は）般若波羅蜜と異ならない故に。般若波羅蜜を引いて証と為す。菩薩は般若波羅蜜を修する。退失しない故に、「住する」と名づける。また菩薩は余の波羅蜜（四波羅蜜）を修行することを欲します。まず般若波羅蜜を修することを方便とす。余の波羅蜜は般若波羅蜜に住する中に成立する。故に「住する」と言う。菩薩は般若波羅蜜中に住す。五処（五蘊）を離れて、余の波羅蜜を修行する。いちいちの波羅蜜中において若干の時を経て修習する。成就を得しめる故に「円満する」と称す。】

ここでは、唯識の「無分別智」を修することは、即ち「般若波羅蜜（六波羅蜜）」を修することになり、余の波羅蜜（四波羅蜜）は無分別後得智であるので、般若波羅蜜多に続いて、それに含まれると言われています。余の波羅蜜とはそれに続く四波羅蜜を意味します。

『摂大乗論釈』（大正31-228b）では、「善巧摂化」などに見られる十波羅蜜が菩薩道と共に説かれています。これは上述の六波羅蜜（無分別智）に新たに四種（後得智）を付け加えて十種としたものです。追加された四種の波羅蜜は六種を補充し助成する意味を持っています。第七地以上の高い四地にさらに四種の波羅蜜が配当されているので、これら後の四種は、前の六種の波羅蜜に劣らぬ重要な意味を有しています。

『浄土論』の「善巧摂化」では、「方便善巧廻向」は菩薩の十地の階梯では、第七地に「方便善巧波羅蜜」が増上すると言われているので、菩薩の十地の階梯の方軌によって、方便善巧廻向（第七地）→国の修証（第八地）という次第に従えば、「廻向門」より「近門」への次第は第七地から第八地への転進ということになります。十地の階梯では、「国土清浄の修証」ですが、『浄土論』では、「清浄の仏国土に生ずる」と述べられています。『浄土論』の「善巧摂化」は以上に述べた通りです。

七、十波羅蜜とは何であるか

『摂大乗論釈』（大正31-228b）の世親釈は次のように述べています。

六波羅蜜は「無分別智」であり、それに続く四波羅蜜は「無分別後得智」を意味します。

「釈曰。若説六波羅蜜。方便勝智等四波羅蜜。応知摂在六中。摂義如前説。若説十波羅蜜。前六波羅蜜是無分別智摂。後四波羅蜜是無分別後智摂。後四地依無分別後智。修行四波羅蜜。云何知方便勝智是無分別後智摂。此波羅蜜復以何法為体。」

【釈して曰く。……もし十波羅蜜を説くならば、前の六波羅蜜は無分別智の摂（統括するもの）であり、後の四波羅蜜は無分別後得智の統括するものである。後の四波羅蜜は無分別後得智に依って、四波羅蜜を修行する。

どのようにして方便の勝智は無分別後得智の統括するものであるか。この波羅蜜はまたどのような法をもって本体とするのか。】

第七、方便波羅蜜

これは「六波羅蜜によって集積された善根をすべて衆生と共通のものとし、この上なき正しい悟りにむかってそれを廻向する」と言われています。「これは六波羅蜜によって集積された善根をすべての衆生と共通のものとし、この上なき正しい覚りに向かって、それを廻向するから」と言われています。

要約すれば、次の通りです。（cf.『摂大乗論釈』〈大正31-228b〉）

「もし人は無上菩提を得ることを求めるならば、まず自ら思惟する。一切衆生を利益する事に私は悉くなすべきである。この故に、無上菩提を求める。……衆生を利益せんがために、成すところの善根功徳を悉く無上菩提に廻向する。因果は皆、同じく平等と名付ける。この平等は「方便勝智波羅蜜」の用（はたらき）である。」と。

「「般若」は大悲をその体とする。何故、六波羅蜜は般若によって成長するのか。大悲によって衆生のために無上の菩提を廻向し、平等に皆に得せしむること……これを名づけて「方便勝智波羅蜜」と名づける。もし分別を離れるならば、このことは成就しない故に、無分別後得智の摂（統括するもの）である」と説かれています。

第八、願波羅蜜

これは将来に向かって種々の願が立てられますが、将来、どこに生まれ変わっても、六波羅蜜への生縁に包まれることです。

要約すれば、次の通りです。（cf.『摂大乗論釈』〈大正31-228c〉）

「この願は現在世において諸々の善行によって、種々の善願を引摂し、この願が未来世に「六度（般若波羅蜜）に生まれる縁」に包まれること等々。……清浄な意欲を体となし、般若によるゆえに清浄を得て、大悲によって意欲を有するが、もし分別を離れると、このことは成就しないので、これは無分別後得智の統括するものである。」

第九、力波羅蜜

これは思択力と修習力によって六波羅蜜の行が間断なく遂行されることです。

要約すれば、次の通りです。（cf.『摂大乗論釈』〈大正 31-228c〉）

「これには二種の力が含まれる。一思択力、二修習力である。思択力とは諸法の過失及び功徳を正しく思択すること。修習力とは心がこの法を所縁として心をして法と和合せしめて一つとすること。水と乳の如く、また衣に薫香するように、……これは即ち力波羅蜜の事であり、すでに思択力をとっている故に、思慧をもってその体となす。他を利益し、悪を屈服させ、善を行う故に、兼ねて大悲にも属する故に、もし分別を離れるならば、このことは成立しない故に、これは無分別後得智の統括するものである。」

第十、智波羅蜜

これは六波羅蜜を完成せしめるものです。この智によって、菩薩は法の楽しみを受け、衆生を成熟するのです。

要約すれば、次の通りです。（〈大正 31-228c～229a〉）

「智には二種ある。一に有分別、二に無分別である。今は、有分別智を明かす。何故か。前に六波羅蜜を成立するを以ての故に、能成立したものとは、如来が六波羅蜜によって説かれた一切の正法である。菩薩は能く思量し、簡択し、自ら通達（真如の理の体得）を得て、および他のものをして通達せしめる。よく六度（六波羅蜜）を成立する故に、菩薩は大集（会）中において法楽を受けることを得る。自他を通達せしめる。衆生を成熟せしめんと欲する為に、これは智波羅蜜の事（仕事）である。……兼ねて大悲に属する。もし分別を離れるならば、この事は成立しないので、これは無分別後得智に属する。」

このように、瑜伽行派の無分別智、無分別後得智によって、十波羅蜜を通して、「巧方便善巧廻向する」菩薩像そのものが明らかにされています。

八、『大乗荘厳経論』等より、浄土教の菩薩像を問う

『浄土論』の「菩薩荘厳功徳成就」では、それは前の仏荘厳と同じく仏国土・浄土という「清浄にするはたらきの態」の主体的な側面である、「衆生世間清浄」を菩薩の正修行という言葉で示しています。

ここではこれに先立って、仏等の三身について、上述の『摂大乗論釈』と、ほぼ同様な

記述をしている世親の『大乗荘厳経論』（IX–60, 61, 62, 63）を述べます。これは、上述の『摂大乗論釈』とは内容的にはかなり重複しますが、ある面では、かなり詳細な仏身論も展開しています。最初に、偈文を述べて、それに続いて解説します。

「自性的なるとまた受用的なるとさらに変化的な身のあることが、実に諸仏の三身の区別である。しかし最初のもの（自性身）は（他の）二つの依り所である。」（IX–60）

右に対する無性（Asvabhāva）のVṛtti（註釈書）には、「三身と後得智」との関連について、次のように述べられています。

「自性身は法身のことで、阿頼耶識にある二障が断ぜられて法界における「大円鏡智」となったとき、法身と称せられる。受用身は染汚意、マナスが転依して「平等智」となり、第六意識が転依して「妙観察智」となったとき、入地した菩薩たちに対して法の大なる享受をなさしめるのが受用身である。変化身は前六識が転依すること（「作事智」）によって、住兜率天乃至入涅槃を通じて衆生を成熟する。」（cf. 長尾『大乗荘厳経論　和訳と註解』(1) p. 246）

「あらゆる（世）界において受用的な（身）は、囲繞する大衆と、国土と、諸々の名前と、身体と法の享受と行いとによって、別々である。」（IX–61）

右に対する、安慧等の註釈書はさらに、次のように述べています。

「本偈は受用身を説き、世間と仏国土のすべてを通じて、それが種々異なることを述べています。大集会による差別とは、説法の会座における大衆の差別をいう。ある時は無尽慧菩薩以下がおり、ある時は普賢菩薩や観世音菩薩たちに囲繞せられている。国土の差別とは、ある受用身の仏国土は水晶の色、あるいは毘瑠璃色、等々である。名号はまた、無量光とか毘盧遮那とかの差別があり、……行為の差別とは、集まった菩薩の志向に対応しておこなうことである。」と。（cf. 長尾『大乗荘厳経論』和訳と註解 p. 247）

「自性的なる身は平等であり微細であり、またそれと結びつくものであり、思いのままに（法座の）享受を示現するに際しては、自由に享受することへの因であると考えられる。」（IX-62）

右の註釈は、「摂大乗論釈」のものとほぼ重複するので、ここでは省略します。

「諸仏の化作が無量にあることが、変化身といわれる。両者において（自他の）二利の達成があらゆる点で確立せられる。」（IX-63）

右の偈文の註釈書（ṭīkā）は三身（法身、受用身、化身）全体の関連についても、次のように結んでいます。

（註）（変）化身については、『摂大乗論釈』（大正 31-250a）参照。

「受用身において自利の達成が確立するというのは入地せる諸菩薩の衆会の中にあって不共の大乗法を心身を以て体験するからであって、それが達成といわれる所以は法身を依り所とするからであり、また化身において利他の達成があるのは、贍部洲等において法輪を転ずることによってひたすら利他行のみを行うからである。その利他の達成・円満は、受用身をも依り所とし、変化身をも依り所とするから、以上が三身なのである。」と。（cf. 長尾 ibid. p. 249）

次に『浄土論』においても、菩薩の四種荘厳功徳として提示されているものの内容は作事智（五識の転依態）と妙観察智（意識の転依態）とが具体的な一つの働きにおいて現れています。本文では「菩薩」について、「彼の菩薩を観ずるに、四種の正修行功徳成就があり、まさに知るべし」と述べて、四種の正修行を述べています。

「正修行」とは如実修行ともいわれ、如実に（yathābhūtaṃ）とは「縁起の道理に適した」ということでもあり、「真如」ということでもあるから、正修行は仏の精神を積極的に実践する主体としての菩薩というものの形をよく表示しています。

四種荘厳の第一は『応身（菩薩）は安楽国にあって動揺することなく十方に至り、応身（＝受用身）として修行し、仏事をなす」と言われています。（cf.『摂大乗論釈』〈大正 31-250a〉）

『論註』では「八地以上の菩薩は常に三昧にあって三昧力を以て、身は本所を動かずに、遍く十方に至って諸仏を供養し衆生を教化する」と言われています。『願生偈』の中の「無垢輪」について、「仏地の功徳であり、仏地の功徳とは仏地の功徳には習気煩悩の垢はない故に、仏は諸菩薩のために、常にこの法輪を転じ、諸々の大菩薩も亦よくこの法輪を一切の者を開導することにしばらくも休息することがない故に、「法身は日の如く、それゆえに応身（受用身）の光は（それに照らされて）遍く諸々の世界に輝くのである」と。すなわち、「安楽国に作事智の働きが働くこと」を述べています。（cf. 幡谷『浄土論註上下二巻対照表』p. 69ff.）

第二の正修行は、かの応身（菩薩）は一切の時に、前後不同に、一心一念に、大光明を放って、普く十方世界に至って衆生を教化し、種々に方便し修行して一切衆生の苦を滅除する故に、『願生偈』に「諸々の仏の集いを照らし、諸々の衆生を利益する」と言われています。（cf. 幡谷 ibid. p. 70）

第三の正修行は「一切の世界において、あまねく諸々の仏の集いを照らして大衆は例外なく広大無量にして、諸仏の集いを照らし、例外なく広大無量であって、如来の功徳を供養し恭敬し讃嘆します。」（cf. 幡谷 ibid. p. 71）『願生偈』に「天の音楽、華の衣を雨降らして、妙なる香等を供養する。諸々の仏への功徳を称えるのに距（へだて）はない」と言われています。

第四の正修行は「仏法の三宝功徳法がない世界に、三宝の功徳を普く示し、如実の修行を理解せしめたい」と念ずるものと言われています。

『論註』では次のように述べています。(cf. 幡谷 ibid. p. 73)

「(第一、第二、第三という)上の三つの正修行は「遍く至る」と言うけれども、皆これは有仏の国土のことである。もしこの(有仏という)句がなければすなわちこれ法身は、法ならざる所としてあるであろう最上の善であり、所として善ならざることのある観行の躰相は竟わりぬ。」

右の文は難解ですが、山口益博士は「仏の応化身の活動が、三宝のない無仏の世界にあって三宝の基礎をおき、三宝を秩序正しく布置して、その正修行のほどを一切衆生に了解せしめるという仏の本務を果遂し、衆生利益を遂行する作事智の働きを表わすものとものである」と解されています。(cf. 山口益著「世親の浄土論」p. 145)

九、菩薩の「往相廻向」「還相廻向」について

『浄土論註』において、曇鸞は次のように述べています。

「往相廻向」についでは「入四種門」に関連して次のように述べています。

「菩薩は「入四種門」をして自利の行が成就すとまさに知るべし。」(cf. 幡谷 ibid. p. 89ff.)

「「成就す」とは、謂わく自利満足である。」

「「知るべし」とは、謂わく自利によるが故に、すなわち、よく利他する。これは自利に能わず（～することができない）。而してよく利他するにあらずと知るべきである。」

要約すれば、「入四種門」では、「自利行に頼ることがそのまま利他行となる。それ故に、自利行による故に利他行となるので、殊更に利他行とすべきではない」と知るべきであるという意味です。

さらに、「還相廻向」については『浄土論註』の行、「出第五門」に関連して次のように述べています。

「菩薩は「出第五門」の廻向利益他の行を成就したまえりと知るべきである。」（cf. 幡谷編『浄土論註上下二巻対照表』p. 89）

「「成就す」とは謂わく、廻向という因を以て、教化地という果を証す。若しくは因、若しくは果、一事として利他に能わざることはあることがない。」

「「知るべし」とは謂わく、利他に由るが故に、すなわち、能く自利す。これ利他に能わず（～することができない）。而して自利にはあらずと知るべきである。」

幡谷先生はこれについて次のように解説しています。

「曇鸞が『浄土論註』を結ぶに当って、他利利他の問題を提起しているのは、利他が自利と相対的に捉えられているところには、利他はあり得ないこと、利他は自利そのものとして成就するものであり、その自利において利他を成就する根源的な利他行が、如来の本願力であることを結択するためであった。曇鸞は、その本願力回向の具体相が名号であり、そこに回向成就される道が、必至滅度↓還相回向の往還道であることを、『浄土論』が『無量寿経』の優波提舎であることを解明してゆく中で明らかにしたのである。」（cf. 幡谷、『曇鸞教学の研究』p. 372ff.）

『浄土論註』は次のような言葉で全体を結んでいます。

「菩薩はかくのごとく五念門の行を修して自利利他して速やかに阿耨多羅三藐三菩提を成就したまえることを得たまえるが故にと」（『浄土論』本文）（cf. 幡谷編『浄土論註上下二巻対照表』p. 89）

結び

曽我量深先生の「法蔵菩薩＝阿摩羅識説」

曽我先生は唯識説の立場から、「法蔵菩薩」について、次のように述べておられます。

「法蔵菩薩という方は、菩薩という因の位であるが、単なる因の位ではない。果上の法性よりして、衆生を助けまた衆生を摂し、そしてまた法性の義理というものをば荘厳する。法界荘厳によって衆生を摂取し、衆生を助けようという願を成就せんがために、法界から法蔵菩薩という位にさがってくだされたのである。こういうのが還相の根源でありましょう。仏さま自ら法性から一歩さがられた。因位菩薩の位にさがられた。だから菩薩であるけれども、法相唯識の阿頼耶識と違うのでありましょう。法相唯識の阿頼耶識は迷いの位の根本識である。法蔵菩薩は一切衆生を助けたもうことによって、法界を荘厳し、浄土を荘厳しようというのである。即ち法界浄土を荘厳しようというのが法蔵菩薩として現れてくだされた所以である。だから阿頼耶識というのはちがうのでありましょう。阿摩羅識なのでしょう。阿摩羅識と阿頼耶識と一緒になったものでしょう。自分自身には主体などという自覚はない。むしろ、そういうもののない随処作主というような一つの境地である。主体なくして一切の主たることのできる。主体がないから本当に主となることができる。」
（曽我著『教行信証「信の巻」聴記』p. 71）
と述べられています。

曽我先生は当初、法蔵菩薩について、「法蔵菩薩＝阿頼耶識説」を主張されておられましたが、晩年には、「法蔵菩薩＝阿頼耶識説」を捨てられ、「法蔵菩薩＝阿摩羅識説」を主張されています。

しかし瑜伽行派では、すでに、上述の真諦訳『仏性論』巻四（大正31-809b）に見られたように、真諦訳でも、当然、阿摩羅識が想定される個所で、阿摩羅識という言葉自体は消滅しています。

すでに、『仏性論』巻三では、阿頼耶識が消滅すると、「無分別智」となり、さらに、「無分別後得世間智」へという後期瑜伽行派の言葉が見られます。換言すれば、「阿摩羅識」という言葉は消滅しています。

天親菩薩造、真諦訳『仏性論』巻三では次のように述べています。

「一切の生死の果報は阿梨耶識を本と為すによる故に、この識の果報を未だ断じざるをもって、法身中に、両道による故に、……両道とは、一、無分別智。能く現在の虚妄を除抜する。即ち尽智と名く。二、無分別後智。能く未来の虚妄をして永く起こるを得ざらしむ。法身を円満する。即ち無生智である。」（『無性論』巻三〈大正31-803a〉）

今日では、「法蔵菩薩は無分別後得智の顕現したもの」と理解するのが至当です。曽我先生の「法蔵菩薩＝阿摩羅識」説も、今日では唯識説としては「阿摩羅識」は「無分別後得智」として理解されなければなりません。

曽我先生は『御文』（四帖目第八通）を引用して、法蔵菩薩について次のように結んでおられます。

「法蔵菩薩はなにも不可思議兆載永劫の修行をして、初めて悟りを開かれたというわけではなくして、本願を発された時から法界を荘厳していられるのであります。不可思議兆載永劫の間修行して、ついに迷いをはらして仏になられたというのではない。本来仏さまである。」と。（曽我著『教行信証「信の巻」聴記』p. 72）

資料①

虚妄分別の構造（情有理無）――阿頼耶識より諸法は同一刹那に衆同分に生ずる

種子→生→現行（異熟習気）→無記の果報）

所取――**阿頼耶識**　＝**身**（**六根**）
（理無）　＝**受用身**（**五境**）
＝**処**（**器世間**）

種子→生→現行（等流習気）→善、悪、無記の果報）

能取――**六識**
（情有）　**汚染意**（阿頼耶識を自我として）

（阿頼耶識の流れ）⟸

「果転変はまた、異熟習気が働きを得るから、前世の業の牽引が円満した時に、すべて阿頼耶識が他の衆同分の中に生まれること、等流習気が働きを得るから、諸々の転識と染汚意とがすべて阿頼耶識から生ずる。」

（『唯識三十頌』第二偈の安慧釈）

資料②

種子生現行

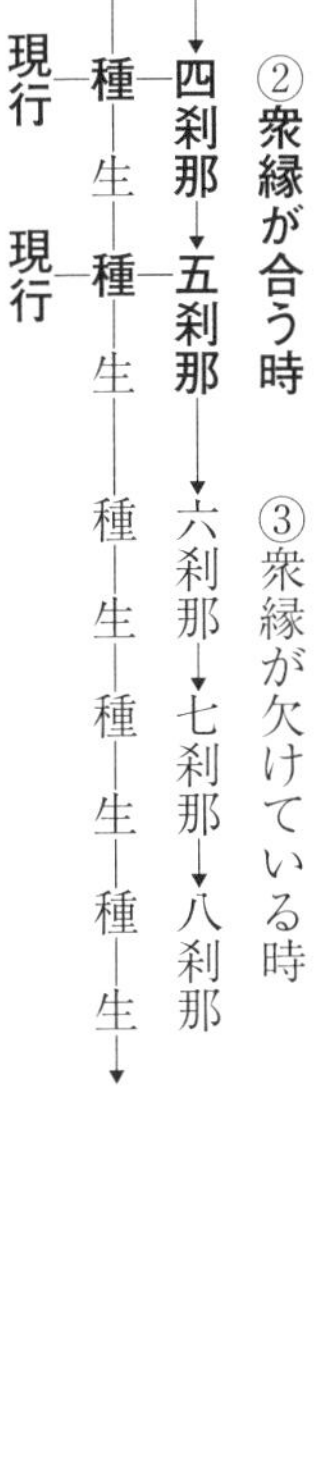

現行熏種子——所生の現行能熏の勢用がある時

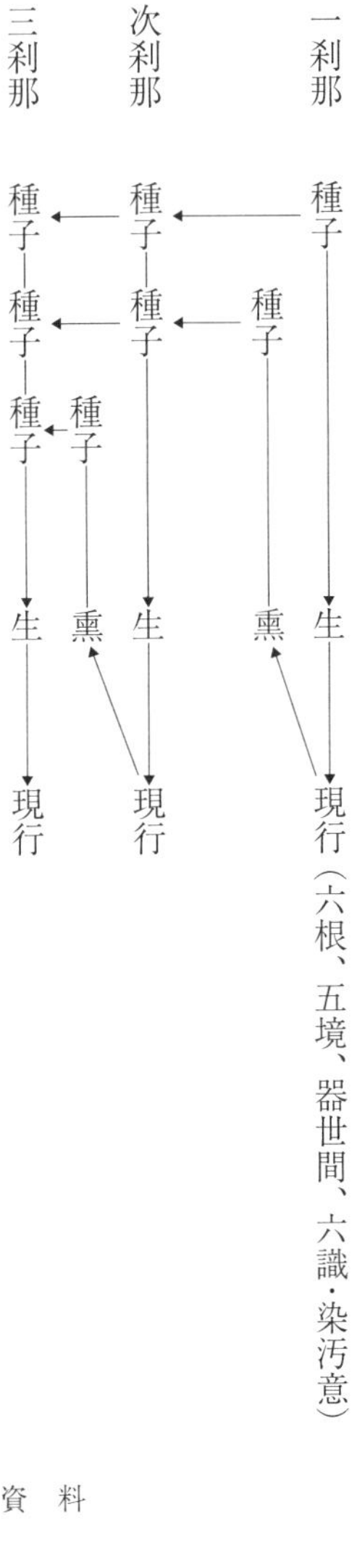

（花田凌雲著『唯識要義』p. 205参照）

資料③

意言分別

能取＝心、種子（習気）、**所取**＝現行（所取・能取）のもう一つの用法

能取（阿頼耶識の種子の流れ）→**所取**（所取・能取）――**（所取の無→能取の無）**

異熟習気→所取→阿頼耶識（所取）＝身（五根）
＝器世間（大地）
＝受用物（五境）

（すべて無記）

等流習気→能取――＝六識、染汚意

「実に（識の）得によりて境を取得せざることによって唯識をも取得せざること生ず、かくのごとくして遍計所執の体なる所取と能取の夢相に入る」（第六偈について）

（山口益著『中辺分別論釈疏』p. 37 以下参照。
長尾雅人著『中辺分別論』〈一・六〉『大乗仏典』15 p.225）

跋文

本書『「唯識」から浄土教の菩薩像を問う』は、浄土教の菩薩像を、瑜伽行派の「虚妄分別」の克服と「意言分別」を介して、「無分別智」「無分別後得智」の世界において展開する「菩薩像」として究明した、一仏教学者の書いた「真宗の論文」です。

著者は、名古屋大学の上田義文先生に師事して、永年、唯識を研究してきました。先生に倣って、『摂大乗論釈』は真諦訳に基づいて、研究してきました。そのお陰で、見えてきたものは少なくありません。

ところで、この度、平成二十八年には隣家からの類焼で、自坊はおろか、書籍や資料等の、かけがえのない大切な文献の多くを焼失致しました。そのような絶望的な中、多くの友人・先輩方からご支援と励ましをいただきました。とりわけ、今回の出版を達成できたことには、幡谷明先生、藤田宏達先生の、温かいご支援とご鞭撻のお陰と、衷心より感謝いたしております。

今回は、出版にあたり、法藏館の戸城三千代様のご厚情には、急遽のお願いにもかかわらず、出版をご快諾いただき、衷心より感謝申し上げます。

山喜房佛書林の浅地康平社長には永年お世話になりましたが、昨年の、突然のご逝去には心よりお悔み申し上げます。

本書の校正に当たっては、和田企画和田真雄氏にご協力いただきました。とりわけ、出典について、原典からの引用文、句読点に至るまで、煩瑣な作業を受諾してくださいました。心より感謝申し上げます。最後に本書の出版を引き受けて下さいました法藏館社長西村明高氏に感謝いたします。

令和二年十一月二十一日

海野孝憲

海野孝憲（うみの　こうけん）

昭和11年　石川県白山市に生まれる。
昭和34年　大谷大学文学部仏教学科卒業。
昭和39年　名古屋大学大学院印度哲学専攻、博士課程単位取得。
名古屋大学文学部助手、名城大学教授を歴任。

［現　在］　名城大学名誉教授。文学博士（論文博、名古屋大学）。真宗大谷派嗣講。瑞宝章受章。

［著　書］

『インド後期唯識思想の研究』（山喜房佛書林）
『アビダルマ仏教とインド思想』（共著、春秋社）
『「いのち」の意味』（法藏館）
『真宗の「命観」――私たち人間が仏となること』（探究社）
『「人間の悪」に対する裁きと救い』（山喜房佛書林）
『悪人、善鸞は救われましたか？』（山喜房佛書林）
『文学者　三島由紀夫と仏教』（山喜房佛書林）
『世親の浄土論と瑜伽行唯識』（山喜房佛書林）
『浄土論の唯識思想』（山喜房佛書林）など。

「唯識《ゆいしき》」から浄土教《じょうどきょう》の菩薩像《ぼさつぞう》を問《と》う
虚妄分別《こもうふんべつ》（煩悩《ぼんのう》）から意言分別《いごんふんべつ》（智慧《ちえ》）へ

二〇二一年三月一五日　初版第一刷発行

著　者　海野孝憲
発行者　西村明高
発行所　株式会社　法藏館
京都市下京区正面通烏丸東入
郵便番号　六〇〇-八一五三
電話　〇七五-三四三-〇〇三〇（編集）
〇七五-三四三-五六五六（営業）

装幀者　山崎　登
印刷・製本　中村印刷株式会社

ISBN978-4-8318-8788-7 C3015

「いのち」の意味
あなたは「今、いのちがあなたを生きている」がわかりますか？
海野孝憲著　一、〇〇〇円

親鸞の成仏道
小川一乗著　五、二〇〇円

往生と成佛
曽我量深
金子大榮著　二、八〇〇円

法蔵菩薩　米寿頌寿記念講演
曽我量深著　二、三〇〇円

世親の成業論
山口　益著　九、五〇〇円

唯識の真理観
横山紘一著　八、五〇〇円

虚妄分別とは何か　唯識説における言葉と世界
小谷信千代著　六、〇〇〇円

（価格税別）